LE TRADUCTEUR CLEPTOMANE
ET AUTRES HISTOIRES

Dans la même collection [b I s]

Du même auteur
Alouette
Anna la douce
Traduit du hongrois

Ricarda Huch
Le Dernier Été
Traduit de l'allemand

Annie Messina
Le Myrte et la Rose
Traduit de l'italien

Hjalmar Söderberg
Le Jeu sérieux
Traduit du suédois

Gaïto Gazdanov
Chemins nocturnes
Traduit du russe

À paraître

Ruth Klüger
Refus de témoigner
Traduit de l'allemand

Léon Werth
La Maison blanche

DEZSÖ KOSZTOLÁNYI

LE TRADUCTEUR CLEPTOMANE
ET AUTRES HISTOIRES

Traduit du hongrois
par Ádám Péter et Maurice Regnaut

Première lecture de Paul-Jean Franceschini

Postface d'Ádám Péter

VIVIANE HAMY

Conception graphique de la couverture : Pierre Dusser
© Photo : François Kollar, 1931
ISBN 2-87858-165-2

L'éditeur remercie Diane et Jacques Kolnikoff d'avoir les premiers fait traduire et publié *Le Traducteur cleptomane.* Sans eux, les lecteurs français ne seraient peut-être pas aussi attentifs à l'œuvre remarquable de Dezsö Kosztolányi.

Il tient également à saluer la fidélité des libraires; par leur amicale insistance ils ont largement contribué à convaincre les éditions Viviane Hamy que la réédition de ce recueil d'histoires était nécessaire, voire indispensable.

Dezsö Kosztolányi est né en 1885, dans une ancienne province de l'Empire austro-hongrois.

Très tôt, il se consacre au journalisme et devient l'un des principaux rédacteurs de la prestigieuse revue *Nyugat*. La publication en 1910 de son recueil poétique, *Lamentations du pauvre gosse*, qui démontre déjà toute son originalité et la perfection de son style, rencontre un vif succès.

Entre 1922 et 1926, quatre romans voient le jour : *Néron, le poète sanglant* – que préfacera Thomas Mann –, *Alouette*, *Le Cerf-volant d'or* et *Anna la douce*, qui accroissent encore sa renommée puisqu'ils sont traduits dans de nombreux pays. Travailleur infatigable, il multiplie les activités : il collabore à la plupart des journaux nationaux, traduit les grands poètes et romanciers étrangers, prend la présidence du Pen Club hongrois.

En 1933, il publie son ultime recueil de nouvelles : *Esti Kornél*, mais les premiers symptômes du cancer qui l'emportera font leur apparition. Malgré une intervention chirurgicale, il meurt à l'hôpital Saint-Jean, à Budapest, le 2 novembre 1936.

À paraître du même auteur dans la même collection : *Le Cerf-volant d'or*.

LE TRADUCTEUR CLEPTOMANE
Par Paul-Jean Franceschini

Dans la Budapest du début du siècle, métropole culturelle qui valait Vienne, Dezsö Kosztolányi avait une stature littéraire qu'on commence aujourd'hui à lui reconnaître. Le romancier d'*Alouette* et d'*Anna la douce* fut aussi un maître de l'art difficile de la nouvelle. On s'en convaincra en lisant ce recueil où le goulasch du quotidien est pimenté d'un humour pince-sans-rire et d'un goût du fantastique qui jette Alphonse Allais et Marcel Aymé sur les chemins kafkaïens de la Mitteleuropa. Un traducteur cleptomane ne peut s'empêcher de détourner une cuillère dès lors que le texte original en mentionne une douzaine. Un voyageur qui traverse la Bulgarie et ignore le bulgare parvient à convaincre le conducteur des wagons-lits qu'il entend cette langue et soutient avec lui une interminable et mystérieuse conversation. Un gros monsieur banal se permet de faire une fugue ; l'entourage eût préféré une « disparition à la hongroise », entendez un suicide. Observateur narquois et désenchanté de « l'humanité dite civilisée », Kosztolányi est persuadé qu'elle ne l'est pas du tout et le prouvera. L'histoire lui donnera bientôt raison.

L'Express, 21 juillet 1994

LE TRADUCTEUR CLEPTOMANE

Nous parlions de poètes et d'écrivains, d'anciens amis qui avaient commencé la route avec nous, jadis, ils étaient ensuite restés en arrière et leur trace s'était perdue. De temps en temps nous lancions en l'air un nom. Qui se souvient encore de?... Nous hochions la tête et nos lèvres esquissaient un vague sourire. Dans le miroir de nos yeux apparaissait un visage que nous avions cru oublié, une carrière et une vie brisées. Qui en a entendu parler? Vit-il encore? Pour toute réponse il n'y avait que le silence. Dans ce silence, la couronne desséchée de sa gloire craquelait comme les feuilles mortes dans un cimetière. Nous nous taisions.

Nous nous taisions toujours, depuis de longues minutes, quand voilà que quelqu'un prononce le nom de Gallus.

– Le pauvre, dit Kornél Esti. Moi je l'ai encore vu, il y a des années, ça doit faire déjà sept ou huit ans, et dans des conditions très tristes. Il lui était alors arrivé, à propos d'un roman policier, une histoire qui elle-même en est un, le plus palpitant et le plus douloureux que j'aie jamais vécu.

Ainsi donc vous l'avez connu, ne serait-ce qu'un peu. C'était un garçon de talent, brillant, plein d'intuition, et, qui plus est, consciencieux et cultivé. Il parlait plusieurs langues. Il savait si bien l'anglais que le prince de Galles lui-même, dit-on, aurait pris des leçons auprès de lui. Il avait vécu quatre ans à Cambridge.

Mais il avait un défaut fatal. Non, il ne buvait pas. Mais il raflait tout ce qui lui tombait sous la main. Il était voleur comme une pie. Que ce soit une montre de gousset, des pantoufles, ou un énorme tuyau de poêle, aucune importance. Il ne se préoccupait pas plus de la valeur de ses larcins que de leur volume et de leur dimension. Il ne voyait même pas le plus souvent leur utilité. Son plaisir consistait simplement à faire ce qu'il ne pouvait pas ne pas faire : voler. Nous, ses amis les plus proches, nous nous efforcions de lui faire entendre raison. Avec affection nous faisions appel à ses bons sentiments. Nous le réprimandions, nous le menacions. Lui, il était d'accord. Il ne cessait de promettre de lutter contre sa nature. Mais sa raison avait beau se défendre, sa nature était la plus forte. Sans arrêt il récidivait.

Plus d'une fois il s'est trouvé confondu et humilié en public par des inconnus, plus d'une fois il a été pris sur le fait, et nous alors, nous devions déployer d'incroyables efforts pour effacer d'une manière ou d'une autre les conséquences de ses actes. Mais un jour, dans l'express de Vienne, il a soustrait son portefeuille à un négociant morave qui sur-le-champ l'a saisi au collet et, à la station suivante, l'a remis aux gendarmes. On l'a ramené pieds et poings liés à Budapest.

De nouveau nous avons essayé de le sauver. Vous qui êtes écrivains, vous n'êtes pas sans savoir que tout dépend des mots, la valeur d'un poème aussi bien que le sort d'un homme. Nous avons tenté de prouver que c'était un cleptomane et non un voleur. Cleptomane est en général quelqu'un qu'on connaît, voleur quelqu'un qu'on ne connaît pas. Le tribunal ne le connaissait pas, aussi l'a-t-il jugé comme voleur et condamné à deux ans de prison.

Après sa libération, par une sombre matinée de décembre, un peu avant Noël, il fait irruption chez moi, affamé et déguenillé. Il tombe à mes genoux. Il me supplie de ne pas l'abandonner, de lui venir en aide, de lui procurer du travail. Qu'il écrive sous son propre nom, il n'en était pas question alors pour quelque temps. Mais il ne savait rien faire d'autre qu'écrire. Je suis donc allé voir un brave éditeur plein d'humanité; je l'ai recommandé et l'éditeur, le lendemain, lui a confié la traduction d'un roman policier anglais. C'était une de ces choses bonnes pour la poubelle, dont on a honte de se salir les mains. On ne les lit pas. On les traduit, à la rigueur, mais en mettant des gants. Son titre, je m'en souviens encore aujourd'hui : *Le mystérieux château du comte Vitsislav.* Mais quelle importance? J'étais content d'avoir pu faire quelque chose et lui l'était d'avoir du pain et tout heureux il s'est mis à l'ouvrage. Il a travaillé avec tant de zèle que, sans même attendre le délai fixé, au bout de trois semaines il a remis le manuscrit.

J'ai été infiniment surpris quand, quelques jours plus tard, l'éditeur m'a fait savoir au téléphone que la traduction de mon protégé était totalement inutilisable et qu'il n'était pas disposé à en donner même un rotin. Je ne comprenais rien. J'ai pris une voiture et je me suis fait conduire chez l'éditeur.

Celui-ci, sans un mot, me met en main le manuscrit. Notre ami l'avait joliment dactylographié, avait numéroté les pages et les avait même attachées avec un ruban aux couleurs nationales. C'était bien de lui, tout ça, car – je crois l'avoir déjà dit – en ce qui concernait la littérature, c'était quelqu'un de sûr, d'une scrupuleuse minutie. J'ai commencé à lire le texte. Avec des cris de ravissement. Des phrases claires, des tournures ingénieuses, de spirituelles trouvailles linguistiques se succédaient, dont cette camelote n'était peut-être même pas digne. Ahuri, je demande à l'éditeur ce qu'il avait pu trouver à redire. Il me tend alors l'original anglais, toujours sans un mot, puis il m'invite à comparer les deux textes. Je me suis plongé dedans, je suis resté une demi-heure les yeux tantôt sur le livre, tantôt sur le manuscrit. À la fin, je me suis levé consterné. J'ai déclaré à l'éditeur qu'il avait parfaitement raison.

Pourquoi? N'essayez pas de le deviner. Vous vous trompez. Ce n'était pas le texte d'un autre roman qu'il avait glissé dans son manuscrit. C'était vraiment, coulante, pleine d'art et par endroits de verve poétique, la traduction du *Mystérieux château du comte Vitsislav*. Vous vous trompez encore. Il n'y avait pas non plus dans son texte un seul contresens. Après tout, il savait parfaitement et l'anglais et le hongrois. Ne cherchez plus. Vous n'avez encore rien entendu de pareil. C'était autre chose qui clochait. Tout autre chose.

Moi-même, je ne m'en suis rendu compte que lentement, graduellement. Suivez-moi bien. La première phrase de l'original anglais disait ceci : *L'antique château rescapé de tant d'orages resplendissait de toutes ses trente-six fenêtres. Là-haut, au premier étage, dans la salle de bal, quatre lustres de cristal prodiguaient une orgie de lumière...* La traduction hongroise disait : « L'antique château rescapé de tant d'orages resplendissait de toutes ses douze fenêtres. Là-haut, au premier étage, dans la salle de bal, deux lustres de cristal prodiguaient leur orgie de lumière... » J'ai ouvert de grands yeux et j'ai continué ma lecture. À la troisième page, le romancier anglais avait écrit : *Avec un sourire ironique, le comte Vitsislav sortit un portefeuille bien bourré et leur jeta la somme demandée, mille cinq cents livres sterling...* L'écrivain hongrois avait traduit comme suit : « Avec un sourire ironique, le comte Vitsislav sortit un portefeuille et leur jeta la somme demandée, cent cinquante livres sterling... » J'ai été pris d'un soupçon de mauvais augure qui, hélas, dans les minutes suivantes, s'est changé en triste certitude. Plus loin, au bas de la troisième page, je lis dans l'édition anglaise : *La comtesse Éléonore était assise dans un des angles de la salle de bal, en tenue de soirée, elle portait ses bijoux de famille anciens : sur sa tête, un diadème garni de diamants hérité de sa trisaïeule, épouse d'un prince électeur allemand; sur sa gorge d'une blancheur de cygne, un collier de véritables perles au reflet opalescent, et quant à ses doigts, ils ne pouvaient presque plus bouger, tant ils portaient de bagues ornées de brillants, de saphirs et d'émeraudes...* Cette description haute en couleur, je n'ai pas été peu surpris de constater que le manuscrit hongrois la rendait ainsi : « La comtesse Éléonore était assise dans un des angles de la salle de bal, en tenue de soirée... » Rien de plus. Le diadème garni de diamants, le collier de perles, les bagues ornées de brillants, de saphirs et d'émeraudes, tout cela manquait.

Comprenez-vous ce qu'avait fait notre malheureux confrère, cet écrivain si digne pourtant d'un sort meilleur? Il avait tout simplement volé les bijoux de famille de la comtesse Éléonore comme il avait dépouillé avec une légèreté tout aussi impardonnable le comte Vitsislav, pourtant si sympathique, de ses mille cinq cents livres, ne lui en laissant que cent cinquante, et soustrait deux des quatre lustres de cristal de la salle de bal, et subtilisé vingt-quatre des trente-six fenêtres de l'antique château rescapé de tant d'orages. J'étais pris de vertige. Mais ma consternation a été à son comble quand j'ai constaté, tout doute exclu, que la chose, avec un fatal esprit de suite, se retrouvait du début à la fin de son travail. En quelque lieu que sa plume ait passé, le traducteur avait causé préjudice aux personnages, et ça à peine connaissance faite, et sans égard pour aucun bien, mobilier ou immobilier, il avait porté atteinte au caractère incontestable, quasi sacré, de la propriété privée. Il travaillait de diverses manières. Le plus souvent, les objets de valeur, ni vu ni connu, avaient disparu. De ces tapis, de ces coffres-forts, de cette argenterie, destinés à relever le niveau littéraire de l'original anglais, je ne trouvais dans le texte hongrois aucune trace. En d'autres occasions, il en avait chipé une partie seulement, la moitié ou les deux tiers. Quelqu'un faisait-il porter par son domestique cinq valises dans son compartiment de train, il n'en mentionnait que deux et passait sournoisement sous silence les trois autres. Pour moi, en tout cas, ce qui m'a paru le plus accablant – car c'était nettement une preuve de mauvaise foi et de veulerie –, c'est qu'il lui arrivait fréquemment d'échanger les métaux nobles et les pierres précieuses contre des matières viles et sans valeur, le platine contre du fer-blanc, l'or contre du cuivre, le vrai diamant contre du faux ou contre de la verroterie.

J'ai pris congé de l'éditeur l'oreille basse. Par curiosité, je lui ai demandé le manuscrit et l'original anglais. Intrigué par la véritable énigme que posait ce roman policier, j'ai poursuivi mon enquête à la maison et dressé un inventaire exact des objets volés. De une heure de l'après-midi jusqu'à six heures et demie du matin, j'ai travaillé sans aucun répit. J'ai fini par établir que dans son égarement notre confrère, au cours de sa traduction, s'était approprié au détriment de l'original anglais, illégalement et sans y être autorisé : 1 579 251 livres sterling, 177 bagues en or, 947 colliers de perles, 181 montres de gousset, 309 paires de boucles d'oreilles, 435 valises, sans parler des propriétés, forêts et pâturages, châteaux ducaux et baronniaux, et autres menues bricoles, mouchoirs, cure-dents et clochettes, dont l'énumération serait longue et peut-être inutile.

Où les avait-il mis, ces biens mobiliers et immobiliers, qui n'existaient tout de même que sur le papier, dans l'empire de l'imagination, et quel était son but en les volant? Un tel examen nous entraînerait loin, aussi n'irai-je pas plus avant. Mais tout ça m'avait convaincu qu'il était toujours l'esclave de sa passion coupable ou de sa maladie, qu'il n'y avait pour lui aucun espoir de guérison et que, de la société des honnêtes gens, il ne méritait pas le soutien. Dans mon indignation morale, je lui ai retiré ma protection. Je l'ai abandonné à son sort. Depuis, je n'en ai plus entendu parler.

L'ARGENT

C'était vers l'aube, nous étions dans une boîte de nuit. L'orchestre nègre faisait une pause. Nous, nous bâillions.

Kornél Esti me chuchote à l'oreille :

– Vite, passe-moi cinq pengös [1].

Il paie, puis il me dit :

– C'est drôle.

– Quoi donc?

– Cette expression : « ennuis d'argent ». On croirait que c'est l'argent qui est la cause de ces ennuis. Alors que c'est non pas l'argent, mais le manque d'argent, au contraire, le désargentement. Dis-moi – il s'est tourné vers moi d'un air vivement intéressé –, toi qui d'habitude occupes tes heures creuses à faire aussi de la linguistique, existe-t-il une expression qui fasse sentir que l'argent quelquefois peut lui-même être une charge?

– Il en existe une. Mais elle est française. *Embarras de richesse* [2].

– Aucune en hongrois?

1. Un pengö valait environ ce que valent dix francs aujourd'hui.
2. En français dans le texte.

– Aucune.

– Symptomatique, a-t-il marmonné.

Sur le chemin du retour, au long des rues, il a continué sa méditation :

– Il n'y a pas de doute, l'ennui d'argent, c'est moche, mais le contraire l'est tout autant. Quand avoir de l'argent est vraiment un ennui. Quand on en a trop. Ça aussi, je connais.

– Toi ?

– Hé oui. Il m'est arrivé aussi d'avoir énormément d'argent, jadis. Jadis, a-t-il dit rêveusement, au temps jadis.

– Dans la ville d'Ys ?

– Non, ici même, à Budapest. Au temps où j'avais fait un héritage.

– Un héritage, toi, et de qui ?

– D'une vague tante maternelle. Marie-Thérèse Anselm. Elle habitait Hambourg. Elle était la femme d'un baron allemand.

– Curieux. Tu ne m'avais pas encore parlé de ça.

– Oui. J'avais dans les trente ans. Un matin, on m'avise officiellement que ma tante m'avait légué toute sa fortune. La nouvelle n'était pas imprévisible. Mais elle m'a étonné. J'avais entendu dire, en effet, que ma tante avait un autre neveu et qu'elle partagerait l'héritage entre nous deux. Entre-temps cet autre était mort. Quelque part au Brésil. Tu n'aurais pas une cigarette ?

– À ton service.

– J'ai donc fait le voyage d'Allemagne. À franchement parler, je ne me souvenais guère de ma bienheureuse tante. Dans mon enfance, on m'avait plusieurs fois emmené chez elle. Elle habitait un somptueux château sur sa propriété, qui était une ferme modèle. Elle était terriblement riche et terriblement ennuyeuse. Sur l'étang poissonneux de son parc nageaient des cygnes, des blancs, des noirs. C'est tout ce que je savais d'elle. Et puis qu'elle possédait beaucoup de terres, de nombreux immeubles à plusieurs étages à Berlin et à Dresde, et d'énormes dépôts dans des banques suisses. Vu que depuis dix ans je ne répondais plus à ses lettres, je n'avais aucune idée du montant de sa fortune. Qui s'est révélée, à l'inventaire, être plus grande que je ne pensais. Une fois tout vendu et tout converti en argent liquide, et déduction faite des impôts, des taxes et des honoraires d'avocats, une banque de Hambourg m'a remis en mains propres une somme de près de 2 000 000 de marks.

– 2 000 000? Arrête de plaisanter.

– Soit. Parlons de choses alors plus sérieuses. Combien as-tu de tension?

– Excuse-moi. Continue plutôt.

– Toujours est-il que cet argent, changé en monnaie hongroise, je l'ai flanqué dans ma valise et je suis rentré à la maison. J'ai vécu chez moi comme avant, en griffonnant des vers. Je veillais à ce qu'on n'ait aucun vent de l'affaire, car sinon, je le savais, c'en était fait de moi.

– Pourquoi?

– Écoute, un poète riche, chez nous? C'est une pure absurdité. À Budapest, quiconque aura un tant soit peu d'argent, on se le représentera toujours bête comme une courge. S'il a de l'argent, qu'a-t-il à faire de jugeote, de sentiment, d'imagination? Telle est la sanction qu'on prend contre lui. Cette ville, elle est excessivement intelligente. Et par là même excessivement stupide. Elle refuse d'admettre que la nature est une païenne, qui dispense ses faveurs sur un mode échappant à tout calcul, et non pas par miséricorde. À Byron, qui était lord et plusieurs fois millionnaire, personne ici n'aurait reconnu la moindre bribe de talent. Ici, la dignité du génie est répartie en tant que dédommagement, en tant qu'aumône, à ceux qui ne possèdent rien d'autre, aux crève-la-faim, aux malades, aux persécutés, aux morts vivants ou aux morts véritables. On a un faible spécialement pour ces derniers. Tenir tête à la titanesque bêtise des gens n'a jamais été dans mes habitudes. Je m'incline devant elle avec humilité, comme devant un formidable phénomène naturel. Cette fois-ci non plus, je n'ai pas attenté à l'obligatoire tradition de la bohème. J'ai continué à fréquenter le petit endroit sordide qui lui servait de tanière. Je buvais mon café à crédit. Chaque matin, je noircissais à l'encre mes faux cols. Avec une scie à chantourner, je trouais les semelles de mes chaussures. Je n'allais tout de même pas ruiner ma réputation de poète! C'était aussi plus commode, d'ailleurs, et de plus d'intérêt. J'aurais crié ma chance sur tous les toits qu'on m'aurait aussitôt pris d'assaut, qu'on aurait du matin au soir frappé à ma porte, et qu'on ne m'aurait pas laissé travailler.

– Mais qu'as-tu fait de cette mer de richesse?

– Pour moi aussi, ç'a été un casse-tête, et pas un petit. Naturellement je n'ai pas mis l'argent à la banque. Je me serais immédiatement trahi. Je l'ai renfermé dans le tiroir de mon bureau, avec mes manuscrits. C'est prodigieux, le peu de place que ça tient, 2 000 000 de couronnes en 2 000 billets de mille. Un tout petit tas pas plus gros que ça. Qui n'était lui aussi que du papier froissé, chiffonné, comme les autres. Le soir, je le regardais, j'étais en proie à des sentiments mêlés. Je mentirais en prétendant que ça ne me faisait pas plaisir. Personnellement j'ai pour l'argent une grande estime. Il représente la tranquillité, l'honneur, la puissance, presque tout. Mais plutôt qu'une facilité, une somme pareille était pour moi un boulet. Commencer une autre vie, avoir des voitures, déménager de mon cher appartement de trois pièces dans un de dix, m'arracher à mon vieux train-train et m'encombrer de fardeaux et de soucis nouveaux, pour ça j'étais déjà trop sage. Jamais je n'ai aspiré à des grandes soirées au champagne. Je méprise le luxe, comme tu sais, et mon souper, depuis toujours, c'est une tartine de beurre et un verre d'eau. Je n'ai jamais aimé que les mauvaises cigarettes et que les mauvaises femmes. Je me suis donc mis à réfléchir froidement, logiquement. Quel était dans la vie mon but, ma vocation, ma passion? Écrire. À cette époque, je gagnais déjà de ma plume, et sans difficulté, cinq cents couronnes par mois. Pour assurer mon indépendance à perpétuité, j'ai ajouté à ça mille couronnes mensuelles. Combien d'années avais-je à vivre? Parents, grands-parents, tous étaient morts avant la cinquantaine. Nous ne sommes pas des gens à vie longue. Pour ma part, je me suis accordé soixante années. Cette large rente viagère sur trente ans, durée présumée de mon existence, ne s'élevait pas, sans tenir compte des intérêts, à plus de 360 000 couronnes. J'ai eu le sentiment que le reste était superflu. J'ai décidé de le distribuer.

– À qui?

– C'était là le hic. Je n'ai ni frère, ni sœur. Je n'ai pour toute famille qu'un riche industriel que je vois toujours dans mes rêves en haillons de mendiant, et mon désir suprême, c'est qu'une fois, par une nuit où il ferait un froid de loup et où je serais là, bien repu, à me chauffer devant ma cheminée, il s'en vienne harceler mon seuil et me demander une bouchée de pain, afin que je puisse, moi, lui crier que je suis sorti. Donner mon argent à cet individu, ou à ses exécrables rejetons bien élevés que je déteste encore plus que lui? Non et non.

– Tu n'as pas pensé à tes amis?

– Je n'avais pas d'ami alors. Je ne te connaissais pas encore.

– Merci.

– Je n'avais en général aucune connaissance, proche ou lointaine, que, d'un certain point de vue élevé, j'aurais pu tenir pour plus sympathique que le premier étranger, le premier inconnu aperçu dans la rue. Ne te méprends pas sur mes paroles. Je n'éprouvais pas de haine personnellement envers les gens. Je les considérais seulement avec tristesse et résignation, je sentais et sens toujours l'inutilité de la vie, et le statut relatif de toute chose. C'est justement pourquoi je ne voulais pas non plus laisser après moi un héritage et que les autorités en disposent. Je savais, par mon propre exemple, combien les héritiers sont ingrats. Dis-moi, comment aurais-tu agi à ma place?

– Comme tout le monde en pareil cas. J'aurais mis toute ma fortune au service d'un noble but quelconque : je l'aurais offerte à quelque institution de bienfaisance.

– C'est ça, qui également a tourné dans ma tête. Au départ, j'ai pensé à des orphelinats, à des hospices de vieillards, aux aveugles, aux sourds-muets, aux filles abandonnées, à des hôpitaux, etc. Mais aussitôt je voyais en pensée un escroc bien gras qui, avec l'argent des orphelins, des vieillards, des aveugles, des sourds-muets, des filles abandonnées, des malades, achetait des brillants à sa femme et à ses maîtresses. J'ai renoncé à ce projet. Camarade, je ne suis pas né pour sauver cette humanité qui, quand les incendies, les inondations et les épidémies ne l'accablent pas, organise des guerres et provoque artificiellement des incendies, des inondations et des épidémies. Il y a longtemps que je me suis désintéressé de la soi-disant société. Elle et moi, d'ailleurs, ça fait deux. La nature vivace, indomptable, irraisonnable, la voilà, ma famille. Par la suite, j'ai eu le projet de fonder quelque chose de grande envergure, le projet de créer un prix littéraire. J'avoue même que la chose m'a plu un certain temps. Mais bien vite, j'ai vu clairement comment, au fil des années, les différentes commissions allaient fausser mon intention initiale, allaient récompenser ces imbéciles, ces crétins qu'il faudrait carrément éreinter, et comment seraient élevés avec mon argent, au détriment des êtres viables, les avortons intellectuels, les bâtards malfaisants. Et des œuvres primées, j'entendais dire aussi clairement qu'elles traitaient de la « diversité du drame » ou de « l'influence de la littérature française », et l'idée que ces sottises se transmettraient de génération en génération, jusqu'à la fin des temps, comme une malédiction héréditaire, ça me désespérait. J'ai renoncé également.

– Et quelle a été finalement la solution ?

– De jeter au vent mon argent aussi fortuitement que je l'avais reçu, et de faire la chose moi-même. J'ai eu tout à coup une apparition, j'ai vu cet empereur latin de l'Antiquité, ce forcené, sur son cheval, qui à pleines mains jetait l'or à tout venant, heureux ou malheureux, sans choisir, afin que cet or soit à tous et ne soit à personne.

– Autrement dit, tu en as donné à tous ceux que tu rencontrais ?

– Pas si vite, fiston. Ce n'était pas si simple que ça. On m'aurait reconnu, et tout aurait été alors éventé. Merci, pour qu'on me ricane au nez, pour qu'on se confonde en remerciements, pour qu'on me flagorne de toutes parts, pour que les journaux célèbrent en moi « le donateur au noble cœur » ? Je ne peux pas supporter ce genre de choses. Il me fallait absolument agir en secret.

– Et tu y as réussi ?

– Attends, je t'en prie. Crayon en main, j'ai calculé que j'avais toujours, en plus des 360 000 couronnes que je me réservais, 1 640 000 couronnes dont il me fallait me défaire de mon vivant, c'est-à-dire, autant qu'on puisse prévoir, en trente ans maximum. Je devais donc écouler bon an mal an 54 000 couronnes, par mois 4 500, par jour 150. De quelle façon j'ai commencé? Au début, tout a marché sans anicroches. Le soir, mon travail terminé, je remplissais un mandat, à la machine, évidemment, sans mentionner d'expéditeur, et je mettais à la poste 150 couronnes adressées toujours à un inconnu, dont j'avais relevé le nom et l'adresse au petit bonheur dans les registres d'habitat, sans chercher à savoir si l'intéressé était riche ou pauvre. Je n'obéissais qu'au hasard. C'est ainsi qu'il m'est arrivé d'envoyer de l'argent à l'une de nos plus grandes banques. La bénédiction pleuvait à tort et à travers. Je sentais autour de moi pétiller, bouillonner cette ville misérable. Ceux qui recevaient l'un de mes mandats étaient tout d'abord, sans doute, étonnés. Qui ça pouvait-il être? Mais ensuite, chacun se remémorait une personne, un parent, un charitable philanthrope, un débiteur qui remboursait enfin sa dette. On devait probablement penser : « C'est de sa part un beau geste... », « Tiens, tiens, c'est tout de même quelqu'un d'honnête... ». Je fonctionnais comme une force aveugle, comme une fée espiègle, omniprésente, répandant la bénédiction de son invisible corne d'abondance. Mais, après une année, malheureusement, je me suis fait pincer.

– À la poste?

– J'étais plus prudent que ça. Je travaillais avec des porteurs, des commissionnaires, des domestiques, dans différentes parties de la ville, souvent en province, et même à l'étranger, par l'intermédiaire de mandataires. Mais j'ai commis cette bêtise, sous l'inspiration aussi du hasard, d'envoyer un jour la somme habituelle à un journaliste, spécialiste des affaires policières dans un grand quotidien de Budapest. Ce journaliste avait déjà vaguement entendu parler de ces dons mystérieux

– sur 365 personnes, il y a au moins 300 bavards, même s'ils le sont contre leur intérêt, même s'ils le paient de leur poche – et le lendemain, rassemblant ses informations, il a fait défiler et déposer dans son journal divers témoins oculaires et auriculaires, il a même publié la photo de mon mandat tapé à la machine, et, forgeant de toutes pièces une histoire aussi niaise que pittoresque, il a écrit, sous le titre *Pluie d'Or*, un reportage sur un maharadjah indien qui circulait ici incognito. Oui, on m'avait découvert sans m'arracher mon masque. En tout cas, j'ai pris peur. Il me fallait cesser immédiatement mon envoi de mandats. Ce qui m'a donné plutôt du fil à retordre. Il m'a fallu inventer des méthodes nouvelles, plus astucieuses.

– Je ne te comprends pas. Pourquoi n'as tu pas misé toute la somme sur une seule carte?

– Je me serais démasqué.

– Pourquoi alors ne pas tout donner aux femmes que tu aimais?

– Je me serais humilié. J'ai veillé et je veille à maintenir, aussi longtemps que possible, ce mirage que les femmes m'aiment pour moi-même. En fait, semble-t-il, tu ne me comprends pas. C'était enraciné en moi, c'était pour ainsi dire une idée fixe, la décision de le distribuer, cet argent, et qui plus est, non pas selon la justice humaine, après réflexion, mais au gré du caprice, conformément à la justice plus grande, plus mystérieuse, de la nature. Personnellement je ne considère pas la vie comme fondée en raison. Mais l'absurdité me blessait pourtant, et même ça me scandalisait, qu'une telle fortune pourrisse dans le tiroir de mon bureau, et que non seulement je ne puisse pas, moi, l'employer, mais que d'autres non plus n'en tirent aucun profit. Quand, tel jour ou tel autre, je n'avais pas réussi à me débarrasser de la somme prescrite, le remords me rongeait. Ma tâche devenait toujours plus difficile, plus compliquée. Il arrivait que s'amoncellent les parts de plusieurs journées. Je commettais parfois d'audacieuses âneries, risquant de me faire remarquer et prendre sur le fait. Une nuit, je traversais le pont en me promenant, assez étourdiment j'ai jeté 600 couronnes dans le giron d'un mendiant accroupi là, sur quoi j'ai pris la fuite. Mais des choses pareilles, ç'a été plutôt rare.

– Ton argent, tout de même, tu t'en es débarrassé comment?

– Tantôt d'une façon, tantôt d'une autre. Quand j'étais en voyage, par exemple, aux plus grandes stations je descendais sur le quai, je mangeais une saucisse, une pomme, j'engageais la conversation avec le buffetier, qui tenait son restaurant ambulant sur un plateau suspendu à son cou par une courroie, je différais de payer jusqu'à la dernière minute, puis, quand la locomotive avait sifflé, je lui jetais un billet de 100 couronnes, je bondissais dans mon compartiment, je me cachais et laissais le buffetier me chercher, sa main tendue vers ma vitre agitant la monnaie qui me revenait. Dans un café, sous la serviette, j'oubliais un billet de 50 couronnes, mais après j'évitais même les alentours. Je m'inscrivais à des bibliothèques publiques, et, dans les pages des livres, je glissais de temps à autre un billet de banque. Au cours de mes promenades, je laissais tomber des sommes plus ou moins importantes. Je poursuivais alors mon chemin en retenant mon souffle, comme quelqu'un qui vient de faire quelque chose de répréhensible. La ruse m'a réussi à plusieurs reprises. Mais il est arrivé, et même deux fois, qu'on coure après moi, la première fois un petit écolier, la deuxième fois une dame en deuil, et qu'on me rapporte mon argent. Le visage cramoisi, j'ai balbutié quelque chose, et rempoché les billets. Eux, les pauvres, ont dû me savoir mauvais gré de ne même pas les avoir remerciés de leur amabilité, et de ne pas leur avoir donné la récompense que mérite toute personne honnête.

– C'est inouï.

– L'argent, tu ne peux pas soupçonner combien on trouve peu de débouchés, quand vraiment on veut le bazarder. Personne n'en veut. Même pas les chiens. Pendant toute une année, je me suis débattu ainsi âprement. J'en étais arrivé à gérer si mal mes finances que, comme on a coutume de dire, « après vérification de mes livres », il me restait 1 574 couronnes qui n'avaient pu d'aucune façon trouver propriétaire. Au début de la troisième année, la chance m'a souri. J'ai eu à me faire soigner chez un petit dentiste de Buda, un tout modeste débutant. Il m'a détartré les dents, et c'est lui qui m'a planté cette magnifique dent en or qui depuis fait partie de ma personnalité de poète. Au portemanteau de l'entrée pendaient quatre ou cinq pardessus. Ce que j'ai fait, dans un mouvement d'inattention, j'ai fourré dans la poche de chacun d'eux quelques billets. Le lendemain, j'ai poursuivi l'opération. Le surlendemain aussi. En une semaine, j'ai réussi à venir à bout de tout mon excédent. Les patients, dans la salle d'attente, avaient les yeux qui étincelaient. De temps à autre, ils se faufilaient dans l'entrée, ils en revenaient heureux, galvanisés, l'argent en poche, l'argent qu'ils avaient fait passer de leur pardessus en un endroit plus sûr. D'ordinaire ils cachaient leur visage derrière un mouchoir, comme s'ils avaient eu mal aux dents, pour que leur joie ne se voie pas et que les autres ne puissent pas soupçonner que leur mal de dents, en réalité, était un mal d'argent. Quelques-uns allaient plusieurs fois faire un tour dans l'entrée, avec l'espoir que cet inexplicable prodige naturel allait se produire plusieurs fois dans le même après-midi, ou dans la crainte, peut-être, que quelqu'un d'autre aille subtiliser le présent. Moi, sournoisement, au milieu d'eux, je faisais mine de rien. Je savourais la situation. Mais bien vite, j'ai dû déloger de là aussi.

– C'était encore venu à l'oreille du journaliste?

– Non. Mais la nouvelle avait couru qu'il n'y avait pas à Budapest de dentiste à la main aussi adroite, aussi légère, et son cabinet a tellement prospéré qu'on s'y est mis à distribuer des numéros d'ordre, et j'ai eu le 628, ce qui faisait que mon tour ne pouvait pas venir dans un délai prévisible. La bonne ne m'a même pas laissé entrer. Alors j'ai tourné les talons. J'ai cherché ma chance ailleurs, là où ma pluie d'or fécondatrice n'était pas encore tombée. De pareils endroits, il n'en restait guère. Il me fallait travailler, de toute façon, avec toujours plus de vigilance. Comme je te dis, camarade. Le filet se resserrait autour de moi.

– Mon pauvre ami.

– Au début de la quatrième année, une solution m'est venue à l'esprit. Un ami on ne peut plus intime avait fait cinq années de prison pour vol à la tire. J'ai pris des leçons avec lui. Leçons douloureuses. Il a commencé par m'élonger l'index, par m'en étirer, par m'en distendre les phalanges, afin de lui donner exactement la même longueur que mon majeur, car les pickpockets ne « tirent » qu'avec ces deux doigts. Les cours terminés, j'ai fonctionné alors avec plus de courage, parfois même en toute insolence. À l'occasion d'un défilé solennel, j'ai réussi à glisser les 150 couronnes quotidiennes dans l'habit de gala hongrois d'un membre de la haute noblesse, un vieillard de grande considération et de renommée européenne, et 50 couronnes dans le rebord de son bonnet de fourrure à aigrette. Mieux, dans le couloir du Parlement, en bavardant de la crise économique avec le ministre des finances, j'ai dans sa poche à lui aussi fait disparaître 100 couronnes. De pareilles occasions s'offraient rarement. Le plus souvent, j'allais flâner au milieu des grandes foules, aux matchs de football, dans les lieux d'excursion où les gens donnent l'assaut aux divers moyens de transport et s'y retrouvent les uns sur les autres. Un dimanche soir, au terminus de Hüvösvölgy, je le mentionne comme une chance exceptionnelle, on m'a volé à même ma poche 750 couronnes. Ce jour-là, je n'ai plus rien eu à faire. À cette époque déjà, je n'osais plus placer que des sommes modiques. J'avais même l'impression que des détectives me tenaient à l'œil. Tu t'imagines, je n'arrêtais pas de fourrer des couronnes dans la poche et dans le sac de mon prochain. Je glissais peu à peu dans la dépravation. J'étais dans les tramways du matin jusqu'au soir pour m'acquitter de l'obligation que je m'étais faite. Un jour de mai, je m'en souviens très bien, je me suis retrouvé à côté d'un vieux monsieur aux yeux bleus, à la barbe d'argent bien taillée, qui tenait pensivement ses deux mains posées sur le pommeau de sa canne. Il portait un pardessus élimé. Il avait l'air de quelque fonctionnaire des contributions en retraite. Moi, je venais de retirer de ma poche une pièce en argent de 5 couronnes et je manœuvrais pour la faire passer, de mes deux longs doigts agiles, dans la poche de son pardessus, quand le vieux monsieur m'emprisonne la main sous son bras et se met à hurler en criant au voleur. Le contrôleur sonne aussi vite pour faire arrêter le tramway, il appelle un gardien de la paix. J'ai eu beau me défendre. J'avais été pris en flagrant délit. C'est ici que se termine ma carrière...

Kornél Esti s'est tu. Il n'a plus rien dit d'autre. L'air rêveur, il marchait dans la rue que déjà inondait un grand soleil. Il s'est arrêté devant l'immeuble rouge foncé dans lequel il habitait au sixième étage une mansarde. Il a sonné.

– Espèce de fou, lui ai-je dit, et je l'ai serré dans mes bras.

– En somme, ça ne t'a pas ennuyé? a-t-il demandé. Est-ce que c'était suffisamment intéressant? Suffisamment absurde, invraisemblable et incroyable? Suffisamment pour faire enrager ceux qui cherchent en plus, dans la littérature, les motivations psychologiques, la signification et la moralité? Bien. Alors je vais l'écrire. Demain, quand j'en aurai touché l'argent, je te rendrai même tes cinq pengös. Allez, salut.

LE CONTRÔLEUR BULGARE

– C'est une chose qu'il faut que je vous raconte, dit Kornél Esti. L'autre jour, nous étions entre amis, quelqu'un a déclaré que jamais il ne voyagerait dans un pays dont il ne parle pas la langue. Et je lui ai donné raison. Moi aussi, quand je voyage, c'est avant tout les gens qui m'intéressent. Beaucoup plus que les pièces de musée. Si je ne fais que les entendre parler sans les comprendre, le sentiment me saisit d'être en quelque sorte atteint de surdité intellectuelle, comme si on projetait devant moi un film muet, sans accompagnement musical et sans panneaux explicatifs. Ce qui est énervant et ennuyeux.

Ce développement à peine achevé, il m'est venu à l'esprit que le contraire était tout aussi valable, comme pour toute chose en ce monde. C'est un plaisir mais diabolique, que d'aller et venir à l'étranger, quand le brouhaha des bouches nous laisse indifférents et que nous fixons stupidement quiconque nous interpelle. Quelle solitude distinguée mes amis, quelle indépendance et quelle irresponsabilité! Nous nous sentons d'un coup redevenus nourrissons, enfants sous tutelle. En nous se réveille une sorte de confiance inexplicable en ces adultes qui en savent plus que nous. Nous les laissons parler et agir à notre place.

Et nous acceptons tout sans rien voir, ou plutôt sans rien entendre.

Je n'ai vécu que très rarement cette expérience – vous le savez, je parle dix langues –, je ne l'ai vécue à dire vrai qu'une seule fois, alors que, me rendant en Turquie, je traversais la Bulgarie. La Bulgarie où je n'ai passé que vingt-quatre heures. Et qui plus est dans un train. C'est là que m'est arrivée cette chose qu'il serait dommage de ne pas vous raconter. Après tout, je peux mourir à n'importe quel moment, un vaisseau capillaire qui se rompt dans le cerveau, ou le cœur, et personne d'autre que moi, j'en suis sûr, ne pourra jamais vivre une chose pareille.

C'était donc la nuit. Minuit déjà passé. L'express m'emportait à toute vitesse entre des montagnes et des villages inconnus. Il était même en fait une heure et demie. Je n'arrivais pas à dormir. Je suis sorti dans le couloir pour prendre l'air. Très vite, l'ennui m'est venu. Des beautés du paysage, je ne voyais rien que des espèces de taches d'encre. C'était un événement quand, quelque part, surgissait un point lumineux. Autour de moi, tous les voyageurs dormaient du sommeil du juste. Pas une âme ne passait par les wagons.

Je m'apprêtais à retourner dans mon compartiment quand, lanterne à la main, apparaît le contrôleur, un Bulgare trapu à moustache noire, qui visiblement avait terminé sa ronde nocturne. Il avait contrôlé mon billet depuis longtemps et n'avait donc plus à faire avec moi. Mais amicalement, en guise de salut, il tourne vers moi et sa lanterne et son regard. Puis il s'arrête à côté de moi. Il devait s'ennuyer, lui aussi.

Je n'ai plus la moindre idée ni du pourquoi ni du comment, mais j'ai alors décidé d'avoir, coûte que coûte, une conversation avec lui, et même une longue, une substantielle. Je lui ai demandé en bulgare s'il était fumeur. C'était tout ce que je savais de bulgare. Je l'avais appris dans ce train même, en déchiffrant un avis aux voyageurs. À part ça, je connaissais encore les cinq ou six mots que tout le monde ramasse, bon gré mal gré, au cours d'un voyage, *oui* et *non* et quelques autres. Mais, je vous jure, je n'en savais pas plus.

Le contrôleur a levé la main comme pour la porter à la visière de son képi. J'ouvre en le faisant claquer mon étui à cigarettes et le lui présente. Avec un profond respect, il prend une cigarette à bout doré. Il fouille dans sa poche, en sort des allumettes, en frotte une et, dans sa langue qui m'était totalement inconnue, il murmure quelque chose comme : *je vous en prie.* Sur quoi je lui tends mon briquet à la flamme bleue et je répète, comme un perroquet, ces mots que je venais d'entendre pour la première fois de ma vie.

Nous fumions nos deux cigarettes, tirant de grosses bouffées et rejetant la fumée par les narines. Pour un début, c'était décidément encourageant. Aujourd'hui encore, y penser me remplit d'orgueil, car c'est une chose qui continue de flatter mon amour-propre, que d'avoir jeté les bases de cette scène avec une telle connaissance de l'être humain, que d'avoir planté avec un tel sens de la psychologie cette graine minuscule qui, par la suite, allait devenir – comme vous allez le voir – un arbre si puissant que, sous sa frondaison, j'ai pu me reposer des fatigues du voyage avant de me retirer, à l'aube, comblé d'expériences rien moins qu'ordinaires.

Vous le reconnaîtrez, mon entrée avait été tout de go d'un aplomb sans faille. Il me fallait faire accroire que j'étais Bulgare de naissance et que je savais le bulgare au moins aussi bien qu'un professeur de littérature à l'Université de Sofia. En conséquence, je m'étais comporté de façon quelque peu blasée, avec condescendance. Et surtout j'avais évité tout verbiage. Chose qui ne dépendait pas entièrement de moi, c'est vrai, mais c'est égal. Ce qui caractérise les étrangers, c'est qu'ils s'efforcent toujours de parler la langue du pays où ils voyagent, et, pour ce faire, ils déploient un zèle excessif, si bien que très vite il saute aux yeux que ce sont des étrangers. Les autochtones, tout au contraire, les gens du pays même se contentent d'opiner, ils se font comprendre par signes. Il faut leur arracher chaque mot. Et même alors, de ces riches trésors qui dorment cachés en eux de la langue maternelle, ils ne jettent, avec nonchalance, que des mots élimés, lustrés par l'usage. Il répugnent, en général, à employer les tournures recherchées, les constructions rigoureuses, littéraires. Si possible ils ne parlent même pas, en quoi ils font sagement, car s'ils avaient à faire un cours du haut d'une chaire et plusieurs heures de suite, ou à composer un livre de trois cents pages, et leurs auditeurs et leurs critiques auraient vite fait d'établir, et pas tout à fait sans fondement, qu'à leur propre langue maternelle elle-même ils ne comprennent pas grand-chose.

Nous fumions avec entrain, le contrôleur et moi, dans ce silence intime d'où naissent les grandes amitiés, les vraies compréhensions, les unions d'âme à la vie à la mort. J'étais affable et sérieux. Je plissais parfois le front, puis, pour varier, je me déridais et je le regardais très attentivement. Mais tout de même, cette conversation, dont l'ensorcelante possibilité flottait dans l'air juste au-dessus de nos têtes, il me fallait, d'une manière ou d'une autre, la lancer. Je bâillais et je soupirais. Tout à coup je lui mets la main sur l'épaule, je hausse les sourcils de telle sorte qu'ils se recourbent tous les deux en points d'interrogation géants, et, le menton pointé, je marmonne : *Hein?* Retrouvant sans doute, à travers cette marque de camaraderie, quelque souvenir d'enfance, ou les manières d'un copain qui avait l'habitude de l'aborder ainsi : « Quoi de neuf chez vous, vieux? », le contrôleur sourit. Il se met à parler. Il dit quatre ou cinq phrases. Après quoi il se tait et attend.

J'attendais, moi aussi. J'avais mes raisons. Je réfléchissais à ce que je devais répondre. Après une brève hésitation, je me suis décidé. J'ai dit : *Oui.*

Mon expérience me l'enseignait. Chaque fois que je n'écoute pas attentivement une conversation, ou chaque fois que je ne comprends pas une chose, même à la maison, je dis toujours : *Oui.* Pas une seule fois encore, ça ne m'était retombé dessus. Même dans le cas où je pouvais ainsi paraître approuver quelque chose que j'aurais dû réprouver. En pareil cas, je pouvais toujours faire croire à l'ironie de mon acquiescement. Dire *oui*, la plupart du temps, c'est aussi dire *non.*

Et mon raisonnement n'était pas mal fondé, la suite l'a montré brillamment. Le contrôleur est devenu beaucoup plus communicatif. Malheureusement de nouveau il s'est tu, il attendait. C'est avec une intonation interrogative alors, quelque peu incompréhensive et surprise, que je me suis informé : *Oui*? Ce qui, si j'ose m'exprimer ainsi, a définitivement rompu la glace. Le contrôleur s'est dégelé, il a parlé environ un quart d'heure, parlé avec gentillesse, peut-être même avec une grande richesse d'expression, et moi, tout ce temps-là, je n'ai pas eu à me casser la tête afin de trouver quoi lui répondre.

C'est ainsi que j'ai remporté mon premier succès décisif. À la façon dont les mots coulaient de sa bouche, à la façon dont il papotait, il devenait évident qu'il n'aurait pas pu, même en rêve, me considérer comme un étranger. Cependant, quelque inébranlable qu'elle ait paru, je devais le maintenir dans cette croyance. Si j'étais, pour un temps, déchargé du devoir plus que pénible pour moi de répondre, et si je pouvais, de ma cigarette à filtre doré, continuer à obstruer ma bouche, comme pour indiquer qu'elle était « occupée » et n'avait guère le temps de parler, je ne pouvais pour autant négliger mon dévoué passe-temps et, de temps à autre, je devais prendre soin d'alimenter le feu de la conversation.

Comment j'y suis parvenu? Pas avec des paroles. En comédien, en excellent comédien, en jouant avec tout mon corps. Mon visage, mes mains, mes oreilles, mes doigts de pieds eux-mêmes s'animaient comme il le fallait. Mais j'avais soin de ne pas exagérer. Je mimais l'attention, je mimais non pas cet effort qui d'emblée est suspect, mais cette attention qui tantôt faiblit et s'estompe, tantôt s'embrase et de nouveau flambe. Je prenais garde aussi à autre chose. Parfois, d'un geste, je l'avisais que je n'avais pas compris ce qu'il venait de dire. Vous autres, naturellement, vous croyez que c'était là le plus facile. Eh bien! vous vous trompez. C'était, mes amis, le plus difficile. Comme effectivement, de ce qu'il baragouinait, je ne comprenais pas un traître mot, je devais être attentif à ce que cet aveu ne soit pas trop sincère, trop convaincant. J'ajouterai que je ne manquais pas d'atteindre mon but. Le contrôleur répétait simplement sa dernière phrase et moi, j'opinais du bonnet, comme pour dire : Ah bon! c'est tout à fait différent.

Par la suite, il n'a plus été nécessaire de ranimer le feu allègrement crépitant de la conversation en y jetant le menu bois de pareilles ingéniosités. Même sans elles, ça flambait comme flambe un bûcher. Le contrôleur parlait, parlait. De quoi? J'aurais moi-même été curieux de le savoir. Peut-être des règlements du service, de sa famille peut-être et de ses enfants, peut-être aussi de la culture des betteraves. Tout était également possible. Seul le bon Dieu aurait pu le dire, de quoi il parlait. Je sentais, en tout cas, au rythme de ses phrases, qu'il me racontait une histoire agréable, enjouée, cohérente et de longue haleine qui lentement et majestueusement roulait ses flots, dans un large lit épique, vers le dénouement. Il ne se hâtait absolument pas. Moi non plus. Je le laissais faire ses détours, aller à l'aventure et gazouiller comme un ruisselet, puis revenir et retrouver le lit bien raviné, bien confortable du récit. Il souriait fréquemment. Cette histoire devait être légère et comporter sans doute des passages carrément égrillards, grivois peut-être, voire épicés. Il me lançait en biais un coup d'œil complice et riait. Et moi je riais avec lui. Mais pas toujours. Et souvent je n'étais pas entièrement de son avis. Je ne voulais pas le gâter. Ce n'était qu'avec modération que j'appréciais cet humour vraiment sorti du fond du cœur, savoureux, plein de charme, dont il agrémentait son propos.

Il était trois heures du matin, nous causions depuis déjà une heure et demie, quand le train s'est mis à ralentir. Nous approchions d'une station. Le contrôleur a pris sa lanterne en s'excusant de devoir descendre, mais en m'assurant qu'il allait revenir aussitôt me raconter la fin de cette chienne d'histoire. Car le meilleur était la pointe finale.

Je me suis accoudé à la vitre. J'ai baigné dans l'air frais ma tête qui bourdonnait. Les pivoines de l'aurore s'épanouissaient sur le ciel gris cendre. Un petit village à senteur de crème fraîche était devant moi. Sur le quai attendaient quelques paysans et quelques femmes en fichu. Le contrôleur leur a parlé en bulgare, tout comme à moi, mais avec plus de succès, car les voyageurs l'ont compris tout de suite et se sont dirigés vers les wagons de troisième à l'extrémité du convoi.

Quelques minutes plus tard, le contrôleur se retrouvait à mes côtés, son sourire n'avait pas eu le temps de s'éteindre sur ses lèvres, et il poursuivait avec un gloussement Quelque temps encore et voilà l'éclatement, la pointe finale promise. Son rire crève et jaillit.

Il pouffe à s'en tenir le ventre. Par tous les saints, c'était un fier lascar, un diable d'homme. Pouffant toujours, il plonge la main dans la poche de son manteau, en tire un carnet tout mince avec un élastique autour, d'où il sort une lettre froissée, sale, qui devait être un élément organique de l'histoire, peut-être même l'argument décisif, qu'il me met dans la main afin que je la lise et qu'on voie ce que j'en dis. Mon Dieu, qu'en dire ? Je vois des caractères cyrilliques, écrits au crayon, estompés, que, malheureusement, je ne connaissais pas. Je me suis absorbé dans la lecture attentive de cette lettre. Entre-temps il s'était écarté, guettant l'effet. *Oui*, ai-je marmonné, *oui*, *oui*, d'un ton partie affirmatif, partie négatif, partie interrogatif. Ce faisant, je dodelinais aussi de la tête, comme pour dire : *c'est typique* ou : *c'est inouï* ou : *c'est la vie.* Ce qui peut s'appliquer à tout. Jamais dans la vie ne s'est encore produite une situation à laquelle on n'ait pu appliquer cette phrase : *c'est la vie.* Même quand quelqu'un meurt, ne dit-on pas encore : *c'est la vie*? J'ai palpé la lettre, je l'ai même humée, elle sentait un peu le moisi, et comme je ne pouvais rien en faire d'autre, je la lui ai rendue.

Dans son carnet, il y avait encore bien d'autres choses. Le voilà qui en tire aussi une photo qui, à mon grand étonnement, représentait un chien. La bouche en rond, j'ai gardé les yeux sur la photo, comme un homme qui a la passion des chiens. Mais je me suis aperçu que le contrôleur n'approuvait pas. Il en avait expressément contre ce chien, m'a-t-il semblé. Alors je me suis rembruni, moi aussi, et j'ai montré les dents à la bête. Mais ma stupéfaction a atteint son comble quand, du porte-carnet en toile, le contrôleur a tiré un mystérieux objet, enveloppé dans du papier de soie, qu'il m'a prié de déballer moi-même. Ce que j'ai fait. Il y avait à l'intérieur, en tout et pour tout, deux gros boutons verts, deux boutons en os, deux boutons en os pour pardessus d'homme. Je les ai fait cliqueter au creux de mes paumes, l'air joueur, comme si j'étais en général un grand amateur de boutons, mais le contrôleur me les arrache alors des mains et vite, sans plus même les regarder, les fait disparaître dans son porte-carnet. Puis il fait quelques pas, se détourne et s'appuie contre la paroi du wagon.

Je ne comprenais rien à la situation. Je m'empresse de le rejoindre. Ce que je vois me glace le sang. Ses yeux étaient remplis de larmes. Ce grand et gros homme s'était mis à pleurer. Virilement d'abord, en cachant ses larmes, mais à pleurer de telle façon, ensuite, que sa bouche se tordait et que ses épaules tressaillaient.

À franchement parler, j'étais pris de vertige en face de cette confusion profonde, inextricable, qu'est une vie. Qu'était-ce là? Quel lien pouvait avoir le flot de paroles avec ces rires, avec ces pleurs? Qu'avait à faire l'un avec l'autre, la lettre avec la photo du chien, la photo du chien avec les deux boutons verts en os, et le tout avec le contrôleur? Était-ce là pure démence ou, au contraire, le sain débordement pour l'homme du sentiment? Au fond, tout ça avait-il un sens, en bulgare ou en toute autre langue? Le désespoir me saisissait.

J'ai empoigné fermement le contrôleur par les épaules, afin de lui redonner de la force d'âme, à son oreille j'ai crié par trois fois en bulgare : *Non, non, non!* Lui, suffoquant de sanglots, a balbutié un autre mot, également monosyllabique, qui pouvait signifier : *Merci de votre bon cœur*, mais pouvait signifier aussi : *Sale cabot, vile canaille.*

Il recouvrait peu à peu ses esprits. Il haletait moins fort. Avec son mouchoir, il s'est essuyé le visage. Il s'est mis à parler. Mais sa voix maintenant était totalement changée. Il m'adressait des questions brèves, cassantes. Sans doute du genre : « Tout à l'heure tu m'as bien dit *oui*, pourquoi tout de suite après me dis-tu *non*? Pourquoi désapprouves-tu ce que tu as approuvé? Il faut en finir avec ce jeu équivoque. Abats tes cartes. C'est *oui* ou c'est *non*? » Les questions crépitaient, toujours plus rapides et catégoriques, comme d'une mitrailleuse pointée sur ma poitrine. Il m'était impossible de les esquiver.

Selon toute apparence, j'étais piégé, ma chance m'abandonnait. Mais ce qui m'a sauvé, c'est ma désinvolture. Je me suis redressé, j'ai transpercé le contrôleur d'un regard glacial et, pareil à quelqu'un qui considère comme au-dessous de sa dignité de répondre à de semblables choses, j'ai tourné les talons et, à grands pas, j'ai regagné mon compartiment.

Là, j'ai laissé tomber ma tête sur l'oreiller froissé. Je me suis endormi aussi brusquement qu'on meurt d'un arrêt du cœur. Je me suis réveillé vers midi sous un soleil torride. Quelqu'un frappait à la porte du compartiment. Entre le contrôleur. Il m'avertit que je dois descendre à la station suivante. Mais il ne bouge pas. Il restait là, planté près de moi, comme un chien fidèle. De nouveau il parlait, à voix basse, sans discontinuer, irrépressiblement. Peut-être se justifiait-il, peut-être se répandait-il en accusations à propos de cette pénible scène nocturne, je ne savais, mais sur son visage était visible un profond repentir, une contrition sincère. Pour moi, je me suis conduit froidement. Je lui ai tout juste permis de boucler mes valises et de les sortir dans le couloir.

Au dernier moment, pourtant, j'ai eu pitié de lui. Il avait déjà remis mes valises au porteur et je descendais les marches du wagon, quand je lui ai lancé un regard muet qui voulait dire : « Ce que tu as fait n'était pas beau, mais l'erreur est humaine et pour cette fois je te pardonne. » Puis, en bulgare, je lui ai simplement crié : *Oui*.

Ce mot a produit un effet magique. Le contrôleur s'est radouci, s'est déridé, il est redevenu comme avant. Un sourire reconnaissant a glissé sur son visage. Dans un garde-à-vous des plus raide, il m'a fait le salut militaire. Il est resté ainsi, debout à la fenêtre, pétrifié de bonheur, jusqu'à ce que le train s'ébranle et qu'à jamais, à tout jamais, il disparaisse à mes yeux.

LA VILLE FRANCHE

– Bref, tu m'accompagnes ? m'a demandé Kornél Esti.

– Avec plaisir ! me suis-je écrié. J'en ai plus qu'assez de toute cette malhonnêteté.

J'ai sauté dans l'avion. Et de vrombir et tournoyer et nous avec.

Un tournoiement tel, dans un tel tourbillon de vitesse, qu'à nos côtés les aigles royaux étaient pris de vertige et les hirondelles de congestion.

Peu de temps après nous avons atterri.

– C'est ici, a dit Esti.

– Ici ? Mais ici, c'est exactement comme là-bas.

– De l'extérieur seulement. De l'intérieur, c'est autre chose.

Et nous sommes entrés dans cette ville et sans presser le pas pour pouvoir tout examiner minutieusement.

Ce qui m'a frappé en premier, c'est que les passants ne se saluaient guère.

– Ici, une personne n'en salue une autre, a expliqué Esti, que si elle a vraiment pour elle autant d'affection que d'estime.

Un mendiant à lunettes noires se tenait accroupi sur l'asphalte. Sur ses genoux, une écuelle en fer-blanc. Sur sa poitrine, un panneau en carton :

Je ne suis pas aveugle. Des lunettes noires, je n'en porte qu'en été.

– Mais pourquoi ce mendiant a-t-il écrit ça ?

– Pour ne pas abuser les personnes charitables.

Sur l'avenue, des magasins tous plus resplendissants les uns que les autres. Dans une vitrine, au fond recouvert de miroirs, j'ai lu :

Chaussures à s'abîmer les pieds. Cors et abcès garantis. Plusieurs de nos clients ont été amputés des deux jambes.

Une image édifiante, en couleurs, montrait deux chirurgiens en train de couper à sa naissance, avec une gigantesque scie en acier, la jambe d'une victime hurlante, dont le sang en ruisselant formait des rubans rouges.

– C'est une plaisanterie ?

– Absolument pas.

– Ah ! C'est un jugement du tribunal alors, qui contraint ce commerçant à se stigmatiser ainsi ?

– Pas le moins du monde, a dit Esti avec un geste méprisant. Ce n'est que la vérité. Comprends-le bien : la vérité. La vérité, ici, personne ne la met sous le boisseau. Plus besoin de rien cacher, dans cette ville, l'autocritique atteint un tel degré.

Nous avons continué, j'allais de stupeur en stupeur.

Au magasin de confection, cette annonce tapageuse :

Vêtements chers et de mauvaise qualité. Prière de marchander, car on vous gruge.

Au restaurant :

Mets immangeables, boissons imbuvables. C'est meilleur chez vous.

À la confiserie :

Gâteaux rassis faits à la margarine et à la poudre d'œuf.

– Ce sont des fous, ces gens-là, ou quoi ? ai-je balbutié. Ou des candidats au suicide ? Ou des saints ?

– Des sages, a répondu péremptoirement Esti. Ils ne mentent jamais.

– Et leur sagesse ne les mène pas à la faillite?

– Jette un œil dans leurs magasins. Tous noirs de monde. Tous florissants.

– Mais comment est-ce possible?

– Suis-moi bien. Ici, chacun sait de lui-même, comme de son prochain, qu'il est franc, probe, modeste, qu'il se fait plus petit qu'il n'est plutôt que plus grand, qu'il fixe ses prix plutôt trop bas que trop haut. Ce qui fait que les gens d'ici ne prennent pas entièrement pour argent comptant ce qu'ils entendent ou ce qu'ils lisent, ce que vous non plus ne faites pas chez vous. Entre vous et eux, la seule différence est que chez vous, de ce que les gens affirment, il faut toujours en retrancher, et même en retrancher beaucoup, alors qu'ici, il faut toujours en rajouter, en rajouter un peu. Marchandises et gens ne sont pas, chez vous, aussi excellents qu'on l'assure. Aussi exécrables qu'on l'assure, ici, marchandises et gens ne le sont pas non plus. En réalité, les deux reviennent au même. À mon avis pourtant, cette façon de faire ici est plus modeste, plus probe, plus franche.

À la vitrine d'une librairie, avec leurs bandes-annonces en couleurs, les nouveautés faisaient elles-mêmes leur propre article :

Rogaton illisible... La dernière œuvre du vieil écrivain gâteux, pas un seul exemplaire vendu à ce jour... Les poèmes les plus maniérés, les plus indigestes d'Erwin Râle.

– Incroyable, ai-je fait ahuri. Et on achète ça?

– Pourquoi diable on ne les achèterait pas?

– Et on les lit?

– Chez vous, on ne lit pas de choses de ce genre, peut-être?

– Tu as raison. Mais au moins, là-bas, la présentation est toute différente.

– Je te le répète : c'est ici la ville de la connaissance de soi. Si quelqu'un a clairement conscience qu'il a le goût mauvais, qu'il aime la rhétorique ronflante, tout ce qui est sans valeur, vide, prétentieux, il achètera les poèmes d'Erwin Râle et il ne pourra pas être déçu, attendu que ces poèmes répondront à ses exigences. Le tout n'est qu'affaire de tactique.

Pris d'étourdissement, j'ai exprimé le désir d'aller dans un café, que je puisse me rafraîchir.

Esti m'a conduit devant un café de mauvais goût orné d'entrelacs dorés qui se donnait lui-même pour *le rendez-vous préféré des escrocs et des parasites* et qui alléchait les clients avec ses *prix inabordables* et ses *garçons désobligeants.*

Je n'ai d'abord pas voulu entrer. Mon ami m'a poussé.

– Je vous souhaite le bonjour, ai-je dit en entrant.

– Pourquoi mens-tu? m'a reproché Esti. Leur souhaiter le bonjour, mais tout ce que tu souhaites, ici, c'est de boire un bon café, et tu ne le pourras pas, car en cet endroit le café est du faux café, c'est de la chicorée, et sa saveur est celle d'un vernis de seconde qualité. Je voudrais seulement te montrer les journaux.

Il y en avait une multitude. Je ne relèverai ici que *Le Mensonge*, *L'Intérêt personnel*, *Le Coup dans le dos* et *Le Mercenaire.*

À la une du *Mercenaire*, en caractères gras, un bandeau à en-tête permanent avisait le public :

Chaque ligne de ce journal est payée. Nous dépendons du gouvernement quel qu'il soit, nous n'écrivons jamais notre propre opinion, sauf quand nous y contraint le plus sordide esprit de lucre. En conséquence, nous avertissons nos lecteurs, pour lesquels, individuellement et collectivement, nous n'avons que profond dédain et mépris, qu'ils n'ont pas à prendre au sérieux nos articles, et qu'ils doivent avoir pour nous autant de mépris et de dédain que nous le méritons, si toutefois c'est humainement possible.

– Magnifique, ai-je dit enthousiasmé. Ça, vois-tu, c'est vraiment quelque chose qui me plaît.

– Ici, la franchise est si générale, a continué mon ami, tout le monde l'exerce au même niveau. Écoute par exemple ces petites annonces – et il s'est mis à lire en divers journaux : *Caissier au casier judiciaire chargé, sorti de prison, cherche emploi... Nourrice névropathe s'offre à garder petits enfants... Professeur de langue parlant français avec accent détestable et désirant s'assimiler prononciation correcte de ses élèves dispose encore de quelques heures libres...*

– Et ces gens-là trouvent un emploi? ai-je dit médusé.

– Naturellement, a répondu Esti.

– Pour quelle raison?

– Pour une raison toute simple, a dit Esti en haussant les épaules, c'est que la vie est comme ça.

Il a montré du doigt un cahier épais qui portait sur sa couverture quelque chose d'imprimé en gris foncé sur gris foncé :

– Voici la meilleure revue littéraire. Elle est très lue.

– Je ne suis même pas capable, moi, de lire son titre.

– Son titre, *L'En-nui*, a scandé Esti.

– Elle est vraiment si ennuyeuse?

– Je ne veux pas t'influencer. Feuillette-la.

J'ai lu quelques articles.

– Eh quoi, ai-je fait avec une moue, elle n'est même pas si ennuyeuse que ça.

– Tu es sévère, a dit Esti en m'arrêtant du geste. Comme quoi aucune attente ne peut être entièrement comblée. Ce qui a mis fin trop vite à la tienne, c'est le titre. Je t'assure que si tu lisais cette revue chez toi, tu la trouverais bien suffisamment ennuyeuse. Tout dépend de quel point de vue on considère les choses.

Sur la place du Parlement, quelqu'un haranguait une foule de plusieurs milliers de personnes :

– Il vous suffit de jeter un regard sur mon front étroit, sur mon visage déformé par une bestiale cupidité, pour voir immédiatement à qui vous avez affaire. Je ne m'y connais en rien au monde, en aucun métier, aucune science, je n'ai d'aptitude pour rien, si ce n'est tout au plus pour vous expliquer le sens de la vie et pour vous guider vers le but. Quel est ce but, je vais vous le révéler. Je veux m'enrichir et vite, je veux ramasser l'argent à la pelle, je veux en avoir le plus que je pourrai et vous en laisser le moins possible. Pour y arriver, je serai obligé de vous abêtir encore plus. Ou vous croyez peut-être que vous êtes déjà assez bêtes comme ça?

– Non, non, a vociféré la foule indignée.

– Alors décidez-vous selon votre conscience. Le candidat adverse, vous le connaissez tous. C'est un homme désintéressé, à l'âme noble, au cerveau puissant, à l'intelligence rayonnante. Y aura-t-il quelqu'un dans cette ville pour se rallier à lui?

– Personne! a hurlé la foule comme un seul homme.

– Il n'y aura personne, et des poings menaçants se dressaient.

L'obscurité était venue.

J'ai flâné dans la nuit. Le ciel noir soudain s'est mis à briller comme si le soleil se levait, plusieurs soleils, tout un système solaire. Des lettres de feu étincelaient :

Crois-le sur parole, ici on te vole.

– Qu'est-ce que c'est? ai-je demandé à Esti.

– La publicité lumineuse d'une banque, a-t-il dit avec indifférence.

Nous sommes rentrés à la maison tard dans la nuit. Tout ce que j'avais vu d'extraordinaire avait dû m'exténuer. J'avais de la fièvre. J'éternuais et même je toussais. J'ai fait venir un médecin.

– Cher docteur, me suis-je plaint, j'ai pris un peu froid, je me suis enrhumé.

– Enrhumé? s'est affolé le médecin et il a reculé jusqu'à l'angle opposé de la pièce en se couvrant la bouche de son mouchoir. Je vous prierai alors de détourner la tête, même de là où vous êtes, à cinq mètres, vous pouvez me contaminer. J'ai des enfants.

– Vous n'allez pas m'examiner?

– Ce serait superflu. Contre le rhume il n'y a pas de remède. C'est une maladie incurable, comme le cancer.

– Est-ce qu'il ne faudrait pas que je transpire?

– Vous pouvez. Mais ça non plus n'aura aucun effet. D'une façon générale, d'après notre expérience scientifique, si nous soignons le rhume, il peut durer jusqu'à un mois. Si nous ne le soignons pas, il arrive qu'il passe dès le jour suivant.

– Et si je fais une pneumonie?

– Alors vous mourrez, a-t-il déclaré.

Puis après réflexion :

– Frédéric le Grand se promenait un jour sur le champ de bataille, après le combat. Un de ses soldats, mourant, a tout en larmes tendu les bras vers lui. Le roi a fait claquer son fouet en direction du moribond et l'a vivement admonesté : « Misérable, tu veux donc vivre éternellement? » Cette petite anecdote, j'ai l'habitude de la citer à mes malades. Elle est d'une profonde sagesse.

– Effectivement, ai-je répondu. Mais personnellement j'ai mal à la tête. À tel point qu'elle est près d'éclater.

– Affaire personnelle, a dit le médecin. Sans importance. Vous le savez, ce qui est important? Ce qui est important, c'est que moi, en ce moment, je n'aie pas mal à la tête. Et puis, ce qui est plus important encore, c'est que vous allez payer, pour cette visite de nuit, double honoraire. Faites vite, je suis pressé.

Il avait raison. Dès le lendemain j'étais sur pied. Frais et dispos, d'humeur enjouée, je me suis rendu en hâte à l'hôtel de ville afin d'obtenir ma naturalisation, ce qui me permettrait de m'établir dans cette ville franche à titre définitif.

– Je suis infiniment enchanté, ai-je balbutié quand je me suis trouvé en présence du bourgmestre.

– En ce qui me concerne, je ne pourrais pas en dire autant, a dit le bourgmestre froidement.

– Je ne comprends pas, ai-je bredouillé. Je venais justement vous présenter mes devoirs et vous prêter serment de fidélité.

– Le fait que vous ne compreniez pas prouve que vous êtes un fieffé sot. Je vais vous expliquer pourquoi je ne suis pas enchanté. Je ne le suis pas premièrement parce que vous me dérangez, alors que je ne sais même pas qui vous êtes. Je ne le suis pas deuxièmement parce que vous m'importunez avec une affaire publique, alors que tout ce qui m'intéresse, moi, ce sont mes trafics privés. Je ne le suis pas troisièmement parce que vous mentez en disant que vous êtes enchanté, d'où je conclus que vous n'êtes qu'un vil hypocrite, indigne par ce fait de vous joindre à nous. En conséquence, je vous fais expulser.

Dans l'heure suivante, un avion d'expulsion rapide m'a ramené dans la ville que j'avais fuie.

Depuis, c'est ici que s'écoule ma vie. Beaucoup de choses m'étaient plus sympathiques là-bas. Mais je dois avouer qu'ici, c'est quand même mieux. Car si les gens d'ici et ceux de là-bas sont à peu près semblables, à l'avantage de ceux d'ici on pourrait alléguer aussi beaucoup de choses. Entre autres, les mensonges qu'ils se font mutuellement peuvent quelquefois au moins être hauts en couleur, agréables à entendre.

LA DISPARITION

– Quoi, vous ne saviez pas encore la chose? et dans le salon particulier du café Vipera où nous étions assis autour de lui à notre place habituelle, Kornél Esti s'est tourné vers nous et nous a fixés avec étonnement. La disparition de Kálmán Kernel. Kálmán, oui, Kálmán. Le beau-frère de Pataki. Le gros Kálmán et ses cent vingt kilos. Le fabricant de fume-cigarettes. Vous ne vous en souvenez plus, mais il est venu ici, un jour, c'est vrai qu'il y a longtemps. Il nous a gavés de pâté de foie d'oie, il nous a fait boire du champagne rosé jusqu'au petit matin. Puis il nous a ramenés à la maison lui-même, en laissant allumée à l'intérieur sa grande voiture.

Très peu de temps après il n'avait plus rien, plus de voiture, plus de fabrique de fume-cigarettes. Il avait tout perdu. Ses deux immeubles, ainsi que son argent, environ un million. Il avait même perdu un ou deux de ses cent vingt kilos, tant l'état général de l'économie était grave. Il était complètement ruiné.

Ce qui lui est ainsi arrivé, à mon sentiment c'est une grande injustice. Les gros de son espèce sont faits pour nager dans le bien-être éternel. On a besoin d'eux, besoin qu'ils prospèrent, besoin qu'ils aiment la vie et la fassent aimer également aux autres, besoin qu'ils vous accueillent, dans leur appartement somptueux, avec sept ou huit sortes de liqueurs, et qu'en vous raccompagnant, avec un sourire paternel et le clin d'œil de l'homme d'importance, ils vous glissent dans la poche un cigare espagnol des plus rares. Quel dommage pour eux! La misère, en aucune manière ce n'est pas pour eux qu'elle a été faite.

Kálmán s'est battu avec une ténacité inattendue. Quand sa fabrique de fume-cigarettes a fait faillite, il a ouvert une officine de polycopie, ensuite il a fondé une entreprise de destruction des punaises. À chaque fois, il n'a pas tardé à faire de nouveau la culbute. Pour lui venir en aide, les Pataki lui ont donné quelques pengös. Mais peut-on venir en aide à quelqu'un? Il a dû s'enfuir de Budapest. Les naufragés de cette tempête se sont retirés dans les havres plus calmes de la contrée. Kálmán, suivi de sa femme, a déménagé à Rákosszentmihály. Il n'avait pas d'enfant. Il a acheté un petit une pièce-cuisine où il a vécu d'expédients. Il venait à Budapest en tramway. Quelquefois, quand il n'avait pas d'argent, il venait même à pied. L'été dernier, je lui ai rendu visite. Il était dans la cour, pieds nus, mangeant une pastèque et chantant des chansons populaires. Il s'était, semblait-il, résigné à son sort. Mais il n'a pas pu tenir.

Brusquement il a disparu. C'est terrible, mes amis. Quelqu'un disparaît et voilà, il n'existe plus. Ni vu ni connu. Kálmán n'existe plus. Sa place est vide. On le cherche, on ne le trouve pas. Avez-vous remarqué combien nous sommes nerveux, quand une chose qui nous appartient disparaît? Qu'on la vole, passe encore. Nous en prenons notre parti. Mais que cette chose qui existait n'existe plus, c'est insupportable, incompréhensible, notre esprit se révolte, et nous la cherchons en dépit de tout avec rage. Et combien plus encore, si c'est un homme qui disparaît. Qu'il meure, c'est toujours dans l'ordre des choses. C'est quelqu'un qui alors le vole, quelqu'un d'inconnu, quelqu'un d'invisible. Mais là, c'est différent. Et combien plus encore, si cet homme est un homme comme Kálmán, un corps aussi énorme, un géant qui jamais n'a trouvé de chapeau ou de chaussures dans un magasin de confection, et qui a toujours été obligé de s'en faire faire sur mesure. Qu'un pareil phénomène, qu'une pareille nature disparaisse ou que disparaisse un avorton tout maigrichon, ce n'est pas la même chose. Et ce n'est pas la même chose non plus, si c'est une agrafe sur mon bureau qui disparaît ou si c'est mon bureau tout entier. Ce dernier cas est ce qui personnellement m'étonnerait le plus.

Cette disparition-là aussi m'a infiniment étonné. Et puis, je n'avais encore jamais vu un disparu de près. On se précipite alors à la police, service des disparus, on se précipite à la maison, on se précipite quotidiennement sur les journaux du soir, on les parcourt de bout en bout, on fait son enquête, on en fait faire une officielle, on fait même appel aux détectives privés, on télégraphie, on téléphone, on hausse le ton, le tout en vain. Son rasoir rouillé, sa brosse à dents, son étui à cigarettes, ses petits objets sont tous là. Il n'y a que lui qui n'est nulle part. Oui, par Dieu, c'était quelque chose d'étrange.

Et qui le sera de plus en plus, par la suite. Sa femme dans un coin qui pleurniche et d'une voix lasse qui n'arrête pas de gémir machinalement : « Mais enfin, il ne lui est rien arrivé de mal... Mais enfin, il ne lui est rien arrivé... » « Mais rien du tout » lui disons-nous furieux afin sottement de la consoler. Comment peut-on penser des choses pareilles? Qui a jamais entendu dire qu'il était arrivé du mal à quelqu'un qui depuis trois jours ne donnait plus signe de vie? Le mal arrive, bien au contraire, quand nous l'attendons le moins.

C'est tout naturel. Mais pourquoi est-ce qu'il ne rentrait pas chez lui, pourquoi est-ce qu'il n'écrivait pas ou qu'il n'envoyait pas au moins un message? Vu qu'ils n'étaient même pas brouillés, sa femme et lui, qu'ils s'étaient toujours bien entendus ensemble, et particulièrement depuis qu'ils étaient tombés dans la misère. Et puis où est-ce qu'il dort, où est-ce qu'il mange, où est-ce qu'il trouve de l'argent? Ses amis étaient comme lui, de pauvres diables. Il n'avait sur lui que 78 fillérs et pas un seul objet de valeur. Il avait dit à sa femme : « salut » et depuis il n'existe plus.

C'est le cinquième jour que, par hasard, nous avons découvert la première piste. Sa femme, rue Aggteleki, a rencontré Winckler. Winckler a raconté que le mercredi après-midi, le deuxième jour de la disparition, il avait vu Kálmán dans l'avenue Rákóczi. Pas rasé et l'air abattu. Il lui avait demandé ce qui n'allait pas. Kálmán, avec un geste, avait marmonné, c'est du moins ce qu'il avait cru comprendre, qu'il n'en pouvait plus. J'ai personnellement déclaré aussitôt que ce Winckler était la plus stupide bourrique du monde et qu'il ne fallait accorder aucun crédit à ses paroles. J'ai fait le pari que si quelqu'un annonçait qu'il recherchait l'un de ses proches disparu depuis déjà cinq jours, sur 1 000 personnes, 999, et parmi elles il y aurait de belles âmes cultivées, et même des universitaires, avoueraient la même chose que cet animal de Winckler, qu'elles avaient vu l'individu, pas rasé et l'air abattu, et qu'elles l'avaient entendu marmonner, avec un geste, qu'il n'en pouvait plus. Mais qu'est-ce que ça prouverait? Que tous les hommes peuvent être abattus et pas rasés, que tous peuvent avoir des gestes de découragement, et qu'ils peuvent tous, d'une manière générale n'en plus pouvoir, mais ça prouverait aussi que sur 1 000 personnes, il y a 999 imbéciles fieffés qui veulent se donner de l'importance.

Au bout d'une semaine, je l'avoue, j'ai commencé, moi aussi, à perdre espoir. Disparaître, partir sans prendre congé, c'est manquer de politesse, à coup sûr, mais c'est une chose qui arrive, même dans la meilleure société. Les Français « filent à l'anglaise » et les Anglais « à la française ». Il existe toutefois une autre sorte de disparition et, sans pour autant flatter à l'excès, partialité qui se comprendrait, notre vanité nationale, nous pouvons dire qu'elle est, cette sorte-là, notre spécialité. Si quelqu'un qui n'a pas d'emploi, pas de travail, qui en a plus qu'assez de ne pas manger à sa faim, quitte sa famille, et les plaisirs qu'elle représente, et si du haut du pont, cinq ou six kilos de pierres dans les poches, il se jette tout droit dans le Danube, ou s'il plonge du cinquième étage, la tête la première, sur les dalles de la cour intérieure, alors il disparaît, celui-là, « à la hongroise ». J'étais de plus en plus enclin à penser que c'était « à la hongroise » que Kálmán, lui aussi, avait choisi de disparaître.

Pour le moment, d'une manière ou d'une autre, il me fallait lui faire une place en moi, une place en imagination. Ce qui n'était pas facile. Ce n'est qu'alors que j'ai pu constater quel rapport étrange nous avons avec les disparus. Ce sont des individus de mauvais augure, au caractère double, à la fois vivants et morts, êtres réels et spectres, citoyens de ce monde et de l'autre, sans qu'on sache auquel des deux ils appartiennent vraiment. Ils n'existent plus et pourtant ils existent encore. Il me fallait bien l'admettre, l'âme des disparus, cette âme au statut ambigu, flotte entre ciel et terre, au-dessus du sol mais à peine, à un mètre environ de nos têtes, et peut-être pourrions-nous même les attraper, comme on attrape la ficelle d'un ballon qui s'envole, en faisant, la main toute tendue, un grand saut en l'air. Nous sommes dans un état de trouble perpétuel, avec les disparus. Parfois nous les imaginons morts, déjà décomposés, au fond d'un tombeau ou dans le lit d'un fleuve, et des brochets sont là sur eux à se régaler de leurs globes oculaires, et parfois, aussi légitimement, nous les imaginons dans un petit restaurant, le soir, en train de manger un ragoût de veau et d'essuyer, avec un bout de pain blanc, leur assiette pleine d'une sauce grasse et rouge. Et nous pouvons avoir l'idée tout aussi bien de leur téléphoner que d'allumer un cierge, la nuit, pour le salut de leur âme. Nous ne pouvons jamais savoir où nous serons susceptibles de les rencontrer, s'ils seront les revenants dans une séance de tables tournantes, ou ces clients, dans un café, qui ne peuvent pas payer. Tout est possible. Cette incertitude est extrêmement désagréable. Pour nous, qui ne sommes pas encore disparus, beaucoup plus que pour eux, qui le sont déjà. Car eux, s'ils sont en vie, alors de toute manière, où ils sont, ils le savent et ne s'énervent pas, et s'ils ne sont plus en vie, où ils sont, alors ils ne le savent pas et ne s'énervent pas non plus. Ils n'existent plus, ils sont comme les morts, la seule différence entre eux et les morts est que les morts ne le savent pas, alors qu'eux, en revanche, ils le savent peut-être.

Mme Pataki pleurait silencieusement son frère aîné, tout en continuant d'espérer qu'on finirait par le retrouver. Pataki, quant à lui, n'y croyait guère. « C'était un brave garçon, c'était un garçon très gentil », répétait-il lentement en parlant déjà de lui au passé. La femme de Kálmán est venue me voir pour me demander conseil. Moi, je l'ai mise, par pure pitié, sur de fausses pistes, qu'elle ait au moins cet os-là à ronger. C'était elle qui était dans la situation la plus horrible. Épouse, ou ex-épouse, veuve, ou candidate au veuvage, elle ne savait quel titre, quel rang était le sien : épouse d'un mari mort ou veuve d'un mari vivant. Elle ne pouvait porter ni une robe de deuil, ni non plus une robe rouge, l'une ou l'autre étant un même outrage, une anticipation cruelle ou téméraire de son propre sort. Je lui ai dit que le plus convenable, pour cette période intermédiaire, serait qu'elle se fasse faire une robe blanche avec une rayure noire en zigzag, comme pour signaler la possibilité incertaine du deuil, mais, étant donné sa situation matérielle, j'ai renoncé à cette solution, que seules peuvent se permettre les épouses de maris disparus plus fortunées, et je l'ai laissée trotter ici et là dans sa vieille robe bleue tout usée.

Elle avait parlé de multiples fois déjà avec Winckler, qui avait vu Kálmán en dernier, sans avoir pu apprendre de lui quoi que ce soit de nouveau, et de multiples fois déjà elle avait fait le tour des places, des rues, des cafés, des gargotes, où Kálmán avait l'habitude de passer au cours de ses tournées d'affaires, elle ne pouvait donc plus faire autre chose que de le chercher à l'aventure, à l'aveuglette, là où Kálmán n'était jamais peut-être allé de sa vie, là où justement, qui sait, il pouvait se trouver par hasard. Logique du désespoir. Le matin elle partait pour n'importe où et jusqu'au soir elle trottinait. Sur la route Gyáli, par exemple, ou dans la rue Ostrom, elle avançait à petits pas lents, jetant un coup d'œil dans chaque maison, dans chaque cave, et saluant de loin tous les hommes, prise d'espoir, jusqu'à ce qu'elle arrive à leur proximité. C'était Kálmán, chacun de ces hommes, jusqu'à ce qu'elle ait vu que ce n'était pas Kálmán. Je l'ai moi-même accompagnée dans l'une de ses tournées. Combien d'hommes, ai-je pu constater avec étonnement, vivent sur cette terre, qui ne sont en rien identiques à Kálmán, et combien de recoins, de cachettes, il y a partout, où nous pouvons nous égarer, nous perdre, disparaître. Toute proportion gardée, l'homme est bien petit, le monde assurément bien grand.

La famille s'est réunie, une vaste famille plutôt aisée,

on a discuté. Du bien ou rien, c'est ce qu'on doit dire des morts, et des vivants, pour que ce soit intéressant, du mal ou rien, mais des disparus, qu'on peut classer dans les deux catégories à la fois, on doit dire pêle-mêle du bien et du mal. Pour ce qui est de Kálmán, on n'en a dit plutôt que du bien. Les premiers temps encore, un de ses oncles l'avait critiqué, disant qu'il n'avait pas été suffisamment économe, et qu'il n'avait rien mis de côté quand il pouvait le faire, et qu'il n'avait pas toujours non plus dirigé ses entreprises avec la compétence et le zèle requis. Cet oncle avait rappelé entre autres que sa toute dernière entreprise, celle de destruction des punaises, il l'avait menée aussi à la faillite et la cause en était sa légèreté et sa surprenante insouciance. J'en avais moi-même entendu parler. J'avais entendu dire que Kálmán ne détruisait pas les punaises, mais au contraire qu'il les élevait. Les gaz qu'il employait, j'avais entendu dire qu'ils redonnaient vie à ces insectes si nuisibles, même à leurs malades, même à leurs vieillards, et c'était pour cette raison, d'après ce qu'on disait, qu'il avait acquis parmi les punaises une telle popularité qu'elles volaient jusque sur ses épaules et qu'il leur donnait à manger dans le creux de sa main, comme d'autres le font avec les colombes. Et j'avais même entendu dire que les entreprises concurrentes l'avaient engagé comme *agent provocateur* [1] pour qu'il travaille à la multiplication de ces parasites en voie d'extinction lente à Budapest. Et pour qu'ainsi il permette à leur chiffre d'affaires d'augmenter, à leur industrie de prendre un nouvel essor, ces entreprises lui versaient secrètement de l'argent, lui venaient en aide et le recommandaient partout. Mais ça, je ne l'avais jamais cru. Je tenais la chose pour une calomnie, pour un racontar malveillant. Ce que je sais

1. En français dans le texte.

en revanche, c'est que je me suis un jour adressé à lui et que j'ai eu entière satisfaction. J'avais besoin de toute urgence de mille punaises vivantes. Il m'a livré la marchandise dans les vingt-quatre heures, et, qui plus est, il n'y avait rien à redire, c'était emballé avec goût, chacune des dix petites boîtes était entourée d'un ruban comme ces liasses de cent billets, soigneusement comptés, qu'on peut avoir dans les grandes banques, et je n'ai payé le tout que quelques centaines de pengös. Ce qui suit, à strictement parler, n'appartient pas à mon sujet, je mentionnerai cependant que le contenu de ces boîtes, je l'ai laissé se répandre un peu partout dans l'appartement d'un membre de ma famille, un homme riche à millions et d'une avarice sordide, qui m'invitait une fois par mois à partager, le midi, son repas de diabétique. Je les ai laissées, ces punaises, se répandre partie sur son lit, partie sur ses divans, à raison d'une seule boîte par mois, afin que même après d'éventuels nettoyages, elles puissent se distraire toute l'année. Je dois mentionner aussi que pour l'efficacité, la marchandise a dépassé tout ce que j'en attendais.

Il s'en est suivi que personnellement, au moins par simple gratitude, je l'ai pris sous ma protection, ce Kálmán, et j'ai démontré que ce n'était pas lui le coupable, mais la vie. Les siens opinaient avec compréhension. Kálmán, ont-ils reconnu, avait toujours eu le sens de la famille. Au fil des jours, ils sont devenus si louangeurs, si élogieux à son égard, que moi-même j'ai trouvé que c'était excessif. Pataki avait le sentiment de ne pas avoir fait pour lui autant qu'il l'aurait pu, de ne lui avoir donné un petit quelque chose que trop peu souvent, et toujours à sa fantaisie, et il aurait mieux fait, pensait-il, de mettre à la disposition de Kálmán, au début de chaque mois, une somme modique, 70 pengös par exemple, ou disons 50, somme dont, sans aucun doute, lui, Pataki, il aurait pu se passer. C'est merveilleux, mes amis, de voir que la bonté est une maladie aussi contagieuse. D'un seul coup les cœurs s'ouvrent. J'ai été le témoin d'une scène comme j'en ai rarement vu dans ma vie. Un autre de ses oncles, un marchand de viande, a brusquement parlé de 150 pengös qu'il verserait à Kálmán tous les mois, au cas ou par miracle on le retrouverait, une de ses tantes a offert 200 pengös, une autre 50, la première encore 100, la deuxième 200 de plus, et cette collecte spontanée a permis de réunir en peu de temps 750 pengös, 750 pengös mensuels, avec lesquels Kálmán aurait facilement pu vivre, avec lesquels il aurait même, Kálmán, pu entreprendre. Les tantes, du coin de leur mouchoir, essuyaient leurs larmes. Tout le monde a pleuré. J'ai pleuré, moi aussi.

Au bout de trois semaines, Kálmán ne s'étant pas montré, tout le monde s'est résigné à l'irrémédiable. On a de moins en moins parlé de lui. Mme Pataki allait et venait les yeux gonflés de larmes. Le portrait de Kálmán était accroché à leur mur, portrait que jusqu'alors je n'avais encore jamais vu chez eux. Ils l'avaient demandé à sa femme et fait encadrer dans un bois brun foncé. Chaque fois qu'ils passaient devant, ils s'arrêtaient pour dire : « Kálmán ». Puis ils soupiraient : « Le pauvre. Là où il est, il est mieux que nous. »

En quelques mots, je voudrais dire maintenant ce qui s'est passé la semaine dernière, la quatrième de la disparition. J'étais juste chez Pataki, quand on l'appelle au téléphone. Il parle quelques secondes, puis il revient, pâle, bouleversé, et me chuchote à l'oreille : « On a retrouvé Kálmán. – Vivant? ai-je demandé. – Ça, je ne sais pas, me répond-il presque irrité, on vient de téléphoner de l'hôpital Saint-Luc, il faut que j'y aille tout de suite. – Alors il est vivant, me suis-je écrié. – C'est peu probable, répond-il encore plus irrité, après tellement de temps je ne crois pas du tout qu'il puisse être vivant. – Pourquoi? ai-je fait dans la voiture qui nous emmenait à toute allure à l'hôpital. – Ce que je crois, moi, répond-il, c'est qu'il s'est brûlé la cervelle. Il avait un pistolet. »

Ce que Pataki voyait en imagination, c'était sous un sac de glace une cervelle fracassée, peut-être un mort. D'une voix éteinte, il s'est renseigné auprès du portier, le portier s'est contenté de dire : « Troisième étage, chambre 17. » Pataki a tourné en tremblant la poignée. Sur le lit, en uniforme rayé de malade, Kálmán était assis et lisait un journal. Avec un sourire fatigué, il s'est levé, tout honteux, il a tendu la main. Il demandait pardon. Il s'était trouvé dans un état d'âme affreux, il avait flâné une semaine durant, lui non plus ne savait pas pourquoi, puis un ami médecin l'avait recueilli et amené ici, et maintenant, lentement, il revenait à lui.

« Alors ça, c'est quand même du culot, a éclaté Pataki, quand nous nous sommes fait conduire à la maison pour rapporter l'heureuse nouvelle, mais ce type-là se porte comme un charme. » Les uns après les autres, toute la famille lui a rendu visite, mais ils repartaient tous avec la même opinion. « S'il vous plaît, disait l'un, cet insolent était dans le jardin, couché sur une chaise-longue, fraîchement rasé, et il fumait une cigarette. Vous avez déjà vu des choses pareilles? » « Cette fripouille, disait l'autre, il est aussi gros qu'un cochon. » J'avais beau expliquer que le fait de se raser, de fumer, aussi bien que d'être obèse, était chez Kálmán signe de vie, preuve qu'il était vivant, et que nous devrions nous en réjouir, attendu que s'il n'était pas vivant, il est probable alors qu'il ne se raserait plus, pas plus qu'il ne fumerait, et que peut-être même il ne serait pas non plus aussi obèse, eux n'arrêtaient pas de hocher la tête : « Vil imposteur », « Nous faire ça, à nous »,

« De sa part, ce n'est vraiment pas beau », « Nous en attendions autre chose ».

Ce qu'ils attendaient de Kálmán, je ne le sais pas. Mais ils étaient déçus. Il n'était plus du tout question des 750 pengös mensuels. Tout le monde a rompu avec lui, on ne lui a plus adressé la parole. Pataki lui a fait envoyer vingt pengös, en lui faisant comprendre qu'il n'avait plus à se montrer chez eux. Le jour même de la réapparition, le portrait avait disparu du mur.

Quant à moi, je m'emploie à lui faire comprendre à présent ce que sont les hommes. Je lui ai conseillé de se réintroduire parmi eux discrètement, par étapes. Quand on disparaît, on peut certes réapparaître à l'horizon de la vie, mais celui qui revient doit s'attendre à ce que les autres amèrement n'en reviennent pas. Nous devons accoutumer nos prochains graduellement, précautionneusement, à ce fait que nous sommes vivants. Chacun de nous tous, en son temps, a fait de même. Combien de fois nous a-t-on renvoyés dans la chambre d'enfants, combien de fois nous a-t-on traversés du regard, dans notre jeunesse, comme si nous avions été transparents, combien de fois, même plus tard, quand nous arrivions dans quelque société, n'a-t-on pas demandé avec méfiance : « Qui est ce nouvel individu? » jusqu'à ce qu'on prenne acte enfin de notre existence. Ces choses-là, nous aussi, écrivains, nous pourrions en parler. Chez nous aussi, il est plus facile de « disparaître » que de « paraître », que de s'imposer. Plus quelqu'un est grand, plus son importance dest visible, et plus c'est compliqué. Pendant un certain temps, même ceux qui sont nos parents les plus proches, nos collègues écrivains, se comportent comme si nous n'étions même pas au monde, ils détournent la tête et font semblant de ne pas nous voir. Mais si nous persistons, si pour autant nous ne nous laissons pas faire, ils finissent néanmoins par nous tolérer dans leur cercle, non qu'ils éprouveraient pour nous trop d'amour, mais parce qu'ils se sont accoutumés à nous, qu'ils se sont résignés à ce fait que nous aussi, nous existons.

LE PHARMACIEN ET LUI

C'était une chaude soirée de printemps, Esti se tenait devant la vitrine d'une pharmacie de banlieue. Une âpre tristesse l'assaillait, tant la vitrine était pauvre à pleurer. Son âme maladive en était envoûtée au point qu'il est resté longtemps sans pouvoir bouger de là.

En banlieue, ce qu'on vend le plus souvent dans les librairies, ce sont des cahiers, des gommes, des plumes, et dans les pharmacies des brosses à dents, des blaireaux, des crèmes pour le visage. On y trouve un amoncellement de produits de beauté, comme si ce dont souffrait vraiment l'humanité, ce n'était pas la maladie, ce n'était pas du tout les maux innombrables mais la laideur.

Cette pharmacie, avec ses réclames s'allumant et s'éteignant seconde par seconde, proposait deux articles, deux produits sans doute préparés par le pharmacien lui-même. L'un des panneaux lumineux répétait sans répit : *Xerxès arrête la toux, même la plus tenace.* Quant à l'autre, il hurlait dans l'obscurité : *Contre toutes les transpirations, mains, pieds, aisselles, poudre Aphrodite.*

Des clients, il ne s'en présentait aucun. À l'intérieur de la pharmacie, tout ramolli, l'air démoralisé, était assis un petit homme à l'aspect modeste, aux vêtements gris, à la chevelure grise. Il était aussi accablé qu'un suicidaire à l'instant de commettre son acte.

Pris de pitié, Esti est entré.

– Pardon, a-t-il bredouillé en jetant un regard circulaire autour de lui. Je ne sais pas, est-ce que je pourrais trouver ici quelque chose contre la toux?

– Mais bien sûr, a dit le pharmacien avec un sourire affable, mais bien sûr, s'il vous plaît.

– Seulement voilà, l'a interrompu Esti en levant l'index, cette toux que j'ai ne date pas d'aujourd'hui. J'ai attrapé l'an dernier un gros rhume, et depuis, quoi que je fasse, ça ne veut pas s'arrêter. C'est une toux maligne, comment dire, persistante – il cherchait le mot juste, il a fini par le trouver –, tenace.

– *Xerxès*, a dit le pharmacien, *Xerxès*, puis il a bondi vers une étagère, et l'instant d'après il tendait sous le nez d'Esti une jolie boîte contenant la poudre miracle.

– Et ça fait passer la toux?

– Même la plus tenace, a répondu du tac au tac le pharmacien, ce que proclamait pareillement, dehors, le panneau lumineux. La petite boîte ou la grande?

– Peut-être la grande.

– Vous ne désirez pas autre chose? s'est enquis le pharmacien en enveloppant la marchandise dans un papier rose.

– Non, a répondu Esti en brisant là, car dans l'art de jouer de telles scènes, il avait une immense pratique. Merci.

Il a payé et s'est dirigé vers la sortie.

Il met la main sur la poignée, à cet instant il s'arrête net, il semblait hésiter. Il se retourne. Le pharmacien venait vers lui.

– Puis-je encore vous servir quelque chose?

– C'est-à-dire, a-t-il balbutié, puis il s'est tu. Mes paumes de mains.

– Oui, oui, a dit le pharmacien aussi vite. *Aphrodite*, s'il vous plaît, *Aphrodite*.

– Et c'est sûr que c'est efficace?

– Je m'en porte garant.

– Mais j'aurais encore...

– Pour les pieds aussi, a dit le pharmacien confidentiellement en baissant la voix, pour eux aussi.

La tension dramatique était maintenant à son comble. Esti jouait celui qui n'est pas capable encore de se décider, pas capable d'acheter, parce qu'il est en proie au doute, son secret de famille étant si sombre et si fatal que jamais jusqu'ici il ne l'a avoué à personne. Le pharmacien lui est venu en aide. Il lui a chuchoté quelque chose à l'oreille. Esti, comme brisé, a opiné de la tête avec humilité en signe d'aveu. Il a fait envelopper également ce produit.

Dehors, dans la rue, il s'est arrêté devant la vitrine. Pas pour la regarder, cette fois, mais pour observer le pharmacien. Celui-ci était comme galvanisé, d'un seul coup, d'avoir rencontré un pareil modèle d'humanité souffrante, unissant par miracle en lui tout ce dont il avait besoin, toutes les particularités souhaitables. Il marchait en long et en large, d'un pas alerte. De nouveaux projets vraisemblablement traversaient de clartés son esprit. Il a allumé un cigare.

En rentrant chez lui à pas lents, Esti, sur le pont, sans se faire remarquer, a jeté les deux boîtes dans le Danube. Il pensait :

J'ai prolongé sa vie au moins d'un mois. Puisque aussi bien je ne saurais plus me consoler moi-même, autant maintenant que j'en console d'autres. Il faut rendre à chacun sa foi dans la vie. J'avais un professeur qui m'exhortait à ne pas laisser passer une seule journée sans avoir fait quelque chose de bien. Selon son expression favorite, l'homme de bien est seul à dormir tranquille. Eh bien! allons voir si je pourrai aujourd'hui dormir sans somnifère...

MISÈRE

– Sárkány, a dit Kornél Esti en évoquant au plus profond de lui-même le souvenir du poète à l'âme ardente et sombre. Entre tous les poètes, y compris ceux du dix-neuvième siècle français, dont Murger a fait sa bohème, ceux anglais de Grub-Street, dont Gissing a fait ses guenilleux, et même ceux du pays esquimau, peut-être, et du Cap Sud, c'est lui, Sárkány, qui aura connu la plus grande misère. Le chevalier de la dèche, le prince de la faim, le roi du désespoir, c'est lui. Sur ce globe terrestre, il pourrait n'importe où être élu grand maître des asiles de nuit, doyen des souffrants et des indigents.

À cette misère, il n'y a rien qui puisse se comparer. Je peux en témoigner mieux que personne. Des années durant j'ai vécu à ses côtés, je n'ai pas moi-même souffert tous les jours de la faim, mais j'ai été son compagnon compréhensif, des années durant, et compatissant. C'est pourquoi je peux parler de sa misère, justement, comme en parlerait l'homme de science, avec compétence.

Cette misère, je suis du petit nombre qui, à l'époque, au commencement du commencement, l'ont vue à sa naissance – *in statu nascendi* –, à son origine, à sa source, alors qu'elle paraissait être purement accidentelle, provisoire, presque inoffensive, presque bienveillante, alors qu'elle était encore toute petite, chétive, et qu'il semblait même qu'elle ne grandirait pas, qu'elle n'était pas capable de se développer, qu'elle ne deviendrait jamais rien. Tout ça aujourd'hui a l'air incroyable. Aujourd'hui sa misère est comme un fleuve immense et gonflé aux vagues follement précipitées, aux flots tournoyants et tourbillonnants, aux profondeurs pleines de combien d'épaves, et parmi elles le grand navire de son bonheur, coulé depuis longtemps déjà avec toute sa riche cargaison, l'ancre de son espoir brisée, et reposant tout au fond de la vase, en proie aux écrevisses et aux carpes voraces, mais, je vous assure, il y a eu un temps où, glissant dans son lit étroit, cette misère était un ruisseau babillant, aux bords couverts de fleurs sauvages, et nous sautions de l'un à l'autre en folâtrant et en chantant. Je me rappelle tout ça non sans fierté, comme quelqu'un qui à Sulina, là où le Danube se jette dans la mer en formant un delta, se vanterait d'avoir, dans la Forêt Noire, retenu cette eau immense avec ses deux mains. Et maintenant écoutez.

Au début, lui non plus ne l'a pas prise au sérieux. Comment cette misère a-t-elle commencé? Oui, je me souviens, c'était dans un café, l'après-midi, il a mis la main dans sa poche et, pour la première fois de sa vie, il a constaté avec étonnement qu'il n'avait pas d'argent. Il s'en est étonné et pourtant, même alors, il n'aurait pas dû. Il aurait dû savoir que son argent, il l'avait dépensé dans la matinée et que c'était donc impossible qu'il l'ait encore. Mais lui, comme les enfants, il n'a pas découvert tout de suite ce rapport de cause à effet. Sur son beau visage plein de feu, que la vie a depuis martelé jusqu'à en faire un chef-d'œuvre de souffrance et d'amertume, se lisait la stupeur. Plus tard, quand les garçons ne serviront pas le client sans argent qu'il sera devenu, ou quand on le fera descendre du tramway, ou quand les gens qui ont de l'argent ne lui en prêteront pas, sa stupeur se changera en consternation. Tout ça, il lui fallait en faire l'apprentissage. Il le fera, mais lentement. Les premiers temps, l'humiliation qu'entraîne la pauvreté était à chaque fois une surprise douloureuse pour lui. Il apprenait à connaître ces logeuses tracassières qui au début du mois demandent une partie au moins du loyer du mois précédent, et ces tailleurs excités qui viennent chaque matin secouer rageusement la poignée de la porte. D'une voix haletante, il nous mettait au fait de ce qu'était sa vie. Je n'ai pas mangé depuis deux jours. Je n'ai pas mangé depuis trois jours. Je n'ai pas de bois, pas de charbon. L'eau a gelé dans ma cuvette. Mes chaussures, elles ont pour semelles l'éditorial d'hier de la *Hongrie Indépendante*. Dans mon caleçon sale, je me suis fait faire une chemise et comme cravate, j'ai noué sur elle une chicorée sauvage. Même au centre d'accueil, je ne peux plus payer, là aussi on me jette dehors, je dors dans l'escalier avec le paillasson comme couverture. Ses yeux étaient brillants de pleurs. Nous pleurions avec lui. Vu qu'alors ces choses-là étaient encore pour nous tout aussi nouvelles que pour lui.

Il a vécu ainsi de vingt ans jusqu'à vingt-huit ans. Cette période-là, je l'appellerai l'âge lyrique de sa misère. Après, il s'est marié. Il s'est même marié plusieurs fois. Combien? Je n'en ai aucune idée. Je n'ai pas compté. Lui non plus sans doute. Personnellement j'ai connu quatre ou cinq de ses femmes légitimes, mais elles ont dû être beaucoup plus nombreuses. Sárkány, dans sa jeunesse, contractait mariage avec toute femme qui y faisait ne serait-ce que l'allusion la plus lointaine. Probablement pour cette raison s'est répandue parmi les femmes de Budapest cette opinion, non tout à fait dénuée de fondement, que les poètes sont des épouseurs-nés, et que ce n'est pas la peine, en revanche, d'aller faire des avances à des individus aussi capricieux, aussi peu sûrs, aussi légers que les maquignons et les banquiers. Naturellement, pour cause de situation matérielle, sa femme et lui ne tardaient pas à divorcer, mais aussi vite il en cherchait une autre. Quant à moi, je l'avoue, je n'ai jamais su qui était sa femme du moment. Tous les trois mois en moyenne, il me disait en sanglotant que son mariage était une déception. Mais je ne savais même pas alors où c'en était avec celle-là. Le matin, à sa manière toute passionnée, il l'appelait « charogne infâme et dégoûtante », mais à midi, quand je demandais, par pure prévenance, ce que cette « charogne infâme et dégoûtante » pouvait bien faire, il protestait avec fureur, il m'accusait d'outrage envers cet « ange béni », car entre-temps ils s'étaient réconciliés, et en revanche, l'après-midi, quand, voulant réparer ma faute, je m'enquérais de ce que devenait son « ange béni », c'était mon ironie insolente qui le scandalisait, et de nouveau il parlait de cette « charogne infâme, dégoûtante », car entre-temps ils s'étaient de nouveau brouillés. Coup sur coup aussi lui sont nés des enfants, en très grand nombre. Certaines de ses femmes, qu'il avait épousées divorcées ou veuves, et qui se séparaient de lui aussi, oubliaient également chez lui, et pour un temps plus ou moins long, leurs enfants nés de l'autre mariage. Dans cette vie familiale on ne peut plus pleine et compliquée, personne ne pouvait s'y retrouver. Sur ce point, seul peut-être, après enquête approfondie et recherche de longue haleine, un historien aurait pu faire toute la clarté.

Toujours est-il que tous les jours il accourait nous annoncer les nouvelles les plus diverses et les plus alarmantes. Ses enfants avaient besoin d'habits et de temps en temps d'un berceau. Ses enfants avaient besoin de chaussures et de temps en temps d'un cercueil. Ces malheureux enfants, il leur manquait toujours quelque chose. Nous, de notre mieux, nous nous efforcions de lui venir en aide, avec tout de même beaucoup moins de courage qu'auparavant et beaucoup plus de lassitude. Plus rien ne pouvait nous surprendre. Nous nous étions habitués aux choses les plus atroces. Lui aussi, le pauvre, il s'y était habitué. Sa manière de les présenter n'était plus la même. Sa fièvre lyrique avait disparu. Il ne nous livrait plus ses souffrances en plaintes véhémentes, brèves, précipitées, il n'écumait plus, ne vitupérait plus, ne maudissait plus ces gens qui exigeaient la somme qui leur était due et, tels des pantins envoyés en avant par le destin, s'attaquaient à sa vie et devenaient ainsi, sans qu'il y ait de leur faute, exécuteurs de la sentence de mort : il avait acquis avec les années une certaine sagesse, il montrait envers ces gens-là de l'indulgence et de la compréhension, souvent même il cherchait à les justifier, préférant donner connaissance des faits avec exactitude, et le plus en détail possible, et veillant à ce qu'alors, dans ses informations, ne se glisse aucune erreur.

Ce qui nécessitait du temps. D'ordinaire il nous prenait à part et nous demandait posément, mais solennellement, si nous avions quelques minutes à lui consacrer. Nous passions dans le salon particulier du café. Il fermait la porte à clé. Ce que nous allions entendre, il nous fallait promettre sur l'honneur de ne jamais en parler à personne, il nous fallait ensuite, sur la vie de notre enfant, sur le tombeau de notre père ou de l'un de nos plus chers disparus, jurer même de nous taire, ce qui était d'autant plus incompréhensible qu'à l'un comme à l'autre, après les mêmes formalités, après les mêmes serments, il nous racontait tout à tous. Il relatait par exemple que le vendredi 19 du mois dernier, le matin, quatre minutes avant huit heures et demie, un huissier s'était présenté à son domicile, avait saisi son mobilier, et qu'avant-hier, à midi, plus précisément à une heure, tout déjà avait été vendu aux enchères, et jusqu'à son dernier coussin, deux requins avaient tout acheté, deux requins cependant qui n'étaient pas des requins ordinaires, mais, selon son expression, « des requins généreux, des requins gentils », aussi lui avaient-ils promis que s'il trouvait l'argent dans les vingt-quatre heures, ils lui restitueraient toutes ses affaires, sans prendre un sou de bénéfice, seulement voilà, il lui fallait trouver l'argent, l'argent, l'argent. Avec la même mansuétude, en une autre occasion, à propos de son propriétaire, lui aussi « généreux et gentil », qui était obligé de l'expulser, qui vraiment ne pouvait rien faire d'autre, il a relaté que ce propriétaire ne s'était même pas montré trop violent, à ceci près que, quand sa mère à lui, Sárkány, quand cette veuve malade aux cheveux blancs, qui se trouvait juste au lit avec 39,8 de fièvre, a fait remarquer timidement que peut-être ils pourraient rester encore quelques jours jusqu'à ce qu'elle se remette, alors vite et par deux fois, le propriétaire l'a frappée au visage, une fois très fort, puis une autre un peu plus faiblement, et de plus, cette dame impotente de quatre-vingt-trois ans, il l'a arrachée du lit, il lui a fait dégringoler à coups de pied l'escalier, elle a fait environ sept pirouettes et s'en est sortie avec un certain nombre de contusions, dont une grosse sur le front et sur le genou une si petite qu'on pouvait la dire sans importance. Cette période-là, qui a duré jusqu'à quarante-deux ans, cette période de la grande narration roulant calmement son flot ample, a été l'âge épique de sa misère.

Aujourd'hui, il est dans la troisième période. Il ne se plaint plus à personne. Il semble presque être content. Il est là, assis au café, un verre d'eau devant lui. Il nous salue affablement et fait tous ses efforts pour parler de choses indifférentes, de choses sans gravité.

Et soudainement il s'essuie le front avec son mouchoir. Quelque chose alors de dur et de noir tombe à terre avec un bruit sec. Un morceau de ferraille, pensons-nous. Il nous révèle en souriant que ce n'est pas un morceau de ferraille, mais un simple bout de pain, de ce pain rassis, moisi, aigre, que lui, comme toute sa famille, mâche et remâche depuis déjà deux semaines. Il passe outre d'un geste et se met à parler d'autre chose. Nous l'entendons dire qu'à présent il est enfin heureux, qu'il travaille chez lui dans la paix, qu'il écrit toute la nuit, à la lueur d'une bougie posée sur la caisse à charbon, et c'est ainsi que nous apprenons que son électricité est coupée et que la caisse à charbon est tout son mobilier. Nous l'entendons dire également qu'il prolongerait volontiers sa causette avec nous, qu'il a du temps, qu'il attend justement un de ses bienfaiteurs, qui doit lui apporter ici une jambe artificielle usagée, mais encore en bon état, pour sa fille ainée qui, il y a quelques mois, à bout de misère, s'est jetée sous le tramway, et que c'était ce même bienfaiteur qui avait placé gratuitement le père de Sárkány dans un asile d'aliénés, quand il était devenu fou à force de privations. Pâles, et proches du vertige, nous levons les yeux sur lui. Dans notre trouble, nous lâchons de but en blanc que lui, malgré tout, a plutôt bonne mine, grâce à Dieu. Il opine alors de la tête, il explique que, depuis quelque temps, en effet, il prend du muscle, il fait tous les jours de la natation. Autrement dit, tard dans la nuit, c'est à la nage, par la branche morte du Danube, qu'il rentre chez lui à Buda, car même dans les petites rues il n'oserait plus se faufiler, ses créanciers l'ayant là plusieurs fois guetté au passage, roué de coups et couvert de crachats au visage. Nous restons silencieux. Nous n'osons plus ouvrir la bouche. Partout nous pressentons le piège. Au fond de ses subordonnées sournoises, il y a des monstruosités inattendues qui louchent vers nous, et qui soudain viennent à l'avant, silhouettes voilées, et découvrent alors leur visage. C'est ça, sa misère à l'âge dramatique.

Que faire? Nous détournons la tête et nous ricanons en silence. C'est ignoble, je le reconnais. Vu que tout ce qu'il dit, même si c'est quelque peu exagéré, n'est jamais sans fondement. C'est de plus illogique. Autrefois, nous avons pleuré sur sa petite misère, et plus tard nous avons également fait mille démarches en sa faveur, et c'est maintenant que nous le lâcherions, alors que c'est maintenant qu'il mériterait le plus de compassion et le plus d'assistance? Mais quoi, l'homme est ainsi. Notre sens de la mesure ne supporte pas le démesuré. Au-delà d'un certain point, la souffrance elle-même devient ridicule. Le *unhappy end* peut être tout aussi invraisemblable que le *happy end*. Si à la fin de la tragédie, au cinquième acte, le héros meurt, nous pleurons, s'ils sont deux, trois, voire cinq à mourir, nous sanglotons, mais si le messager, le premier et le deuxième serviteur, le régisseur, le souffleur, le décorateur et le pompier meurent également, nous ne pouvons plus qu'en rire. Hélas, dans la vie aussi se produisent de pareilles tragédies. Elles non plus ne trouvent plus crédit.

Les frères Goncourt, dans leur *Journal*, parlent d'une femme qui, au cours d'un voyage en diligence, raconte à l'une de ses amies, qu'elle n'a pas vue depuis longtemps, l'histoire poignante de sa famille. Son père avait été abattu à coups de fusil, sa mère s'était noyée, son mari était mort dans un incendie, il ne lui était resté qu'un enfant, qui vivait en Égypte, et dernièrement, cet enfant se baignait dans le Nil, comme tant d'autres fois, tout enjoué et sans méfiance, quand un crocodile a nagé vers lui. Mais la femme n'a pas pu aller plus loin dans son récit. Les passagers, qui jusqu'alors l'avaient écoutée avec une profonde commisération, n'ont pas pu attendre la fin, pas pu attendre que le crocodile ouvre sa gueule horrible et happe l'enfant, et, bien qu'ils aient su, eux aussi, que mot pour mot ce qu'ils entendaient était vrai, ils ont d'un coup tous éclaté d'un rire tonitruant. Mais oui, mes amis. Il y a une limite à tout. Et trop, c'est trop.

LE MANUSCRIT

Il m'était arrivé par la poste un manuscrit d'un tel volume, s'est plaint Kornél Esti, que, l'ayant à peine ouvert, j'ai été saisi d'épouvante. C'était un roman, en deux parties, dactylographié avec soin, entouré d'un ruban et placé dans un cartonnage. Quel titre il avait, je n'ai même pas regardé. Je n'ai regardé qu'une chose : qui l'avait écrit.

C'était une vieille dame distinguée, raffinée, cultivée, aimable, pleine d'esprit en société, et même intelligente, mais prenait-elle en main la plume, elle perdait aussitôt toutes ces excellentes qualités, elle écrivait plus exécrablement que la plus banale des bonniches.

J'avais déjà lu plusieurs de ses écrits. J'en garde un tel souvenir qu'aujourd'hui encore il me vient une envie de bâiller, rien que d'y penser, et que j'ai les mâchoires qui se crispent et qui grincent. Quand le somnifère le plus fort n'a plus d'effet sur moi, il suffit que je me les rappelle et je tombe écrasé de sommeil.

J'ai soulevé en soupirant cette œuvre de poids. Je l'ai jetée sur la masse de manuscrits qui s'amoncelait dans un coin de ma chambre.

La romancière, dans une lettre jointe, me priait de lire absolument ce qu'elle m'envoyait, vu qu'elle faisait grand cas de mon avis. Je me suis alors promis que, dans une heure de loisir, j'y jetterais un coup d'œil.

Deux ou trois semaines après, je la rencontre dans la rue.

– Vous l'avez lu? demande-t-elle.

– Pas encore, chère madame.

– Mais vous le lirez?

– Naturellement.

– Vous le promettez?

– Bien sûr que oui.

Ce manuscrit, que la poussière depuis a recouvert, était un poids sur ma poitrine. J'en faisais fréquemment des cauchemars. Je n'avais pas le courage de le regarder une deuxième fois. Mais je savais qu'il avait 1308 pages. Si je m'en souvenais, c'était que j'avais été frappé, en le recevant, par le fait que son nombre de pages correspondait à l'année où le roi Charles-Robert était monté sur le trône de Hongrie.

M'imaginer en train de le feuilleter, c'était déjà horrible. Quelle raison j'aurais eue? Que d'autres me présentent leurs manuscrits, c'est une chose qui m'émeut toujours et qui de plus m'honore. Je m'efforce humblement d'accomplir mon devoir et de répondre à la confiance placée en moi. Je ne suis pas encore blasé, intéressé que je suis par ma matière comme peut l'être le médecin par la masse sans cesse renouvelée de ses malades. Mais dans ce cas précis, je me trouvais en présence, pour moi c'était une certitude, d'une malade incurable, que depuis des années je considérais comme condamnée. *Nihil faciendum.* J'aurais pu tout au plus continuer à la consoler, à l'illusionner, mais ça blessait mon sens de la justice et, par ailleurs, ça m'ennuyait aussi.

L'apercevant la fois suivante dans une soirée, je me précipite vers elle. Je lui baise la main et je balbutie :

– Toujours pas, chère madame. J'ai des milliers de

choses monstrueuses à faire. La corvée. Mais dans un mois, vous m'accorderez, n'est-ce pas, ce délai, je me manifesterai de moi-même.

Un mois est passé. Nous ne nous sommes pas rencontrés. Un été aussi. Je croyais déjà qu'elle avait elle-même oublié son aventure littéraire. À franchement parler, j'espérais aussi en sa mort prochaine.

Mais à l'automne, par un grand soleil d'après-midi, je me promenais avec des amis, ne me doutant de rien, quand dans l'allée la voilà qui de la main me fait des signes tempétueux et péremptoires. Elle nous rejoint.

Nous allions à pas lents parmi les arbres d'or. Elle et moi devant, derrière nous, à une dizaine de pas, ma compagnie.

– Eh bien! vous l'avez lu? a-t-elle interrogé agressivement, avec un sourire à la fois modeste et ironique.

– Bien sûr, ai-je répondu crânement, sévèrement, presque durement.

– Alors vous allez me dire maintenant comment vous l'avez trouvé. Mais avec précision et sincérité. Pas de compliment. Moi, il n'y a que la sincérité qui m'intéresse.

Elle a levé devant ses yeux son lorgnon à monture d'or et m'a regardé fixement.

– Oui, ai-je dit, toujours sévèrement.

Nous allions lentement dans l'allée. Derrière moi mes amis bavardaient. Ils n'avaient aucunement idée, eux, du danger mortel que je courais à cet instant. De temps à autre je louchais vers l'arrière, comme un mauvais élève qui n'a pas fait son travail et qui guette les souffleurs. Pas moyen d'échapper. C'était à moi maintenant, et à moi seul, de tenir bon. J'étais prisonnier de ma romancière.

– Eh bien! ai-je commencé, et j'ai respiré un grand coup, comme si, d'avoir tellement à dire, je ne trouvais pas mon premier mot, puis j'ai baissé la tête, silencieusement, comme pour mettre en ordre mes impressions tourbillonnantes et leur donner une forme.

Elle attendait.

Que pouvais-je faire?

J'aurais pu dire tout simplement que son nouveau roman était parfait et qu'il dépassait même les précédents de cent coudées. Contre des choses de ce genre, d'après mon expérience, ceux qui écrivent ont rarement l'habitude de protester. Mais j'avais déjà mauvaise conscience, je m'accusais de lui avoir dit que j'avais lu son manuscrit, je me sentais, à cause de ce mensonge abject, comme un aventurier dépravé ou comme un escroc recherché internationalement. J'ai voulu alors réparer ma frivolité, une lubie m'a pris d'honnêteté, une lubie totalement inexplicable, et, tombant d'un piège dans l'autre, j'ai déclaré :

– J'ai des objections, chère madame – et j'ai marqué une pause. Je dirai même des objections sérieuses, graves.

– Tiens donc! s'est-elle esclaffée avec étonnement, en enlevant son lorgnon. Voyez-vous, ça justement, c'est une chose qui m'intéresse. C'est le sujet peut-être?

– Oh! le sujet, le sujet est intéressant et bien bouclé. Le sujet est rond – et, des deux mains, je montrais combien il était rond.

– Je vois déjà ce que ça doit être, m'a-t-elle interrompu, tout excitée. Ce qui vous déplaît, c'est le dénouement, c'est la fin.

– Au contraire. La fin est irréprochable, ai-je protesté. On ne pourrait même pas finir autrement. La faille est ailleurs.

– Où donc?

– À peu près vers la moitié, ai-je dit avec incertitude en lui jetant un regard suppliant, presque implorant.

– Là où l'extrait de baptême de Maritsa est retrouvé, et on apprend que c'était une enfant illégitime?

– Non. C'est dramatique et nécessaire. La faille se situe plus loin.

– Là où Maritsa joue le rôle d'un ange, à la fête de bienfaisance, au moment du feu d'artifice, vous savez, et le comte Kazmér en tombe amoureux?

– Mais c'est une scène inoubliable. Maritsa, la petite Maritsa, avec ses blanches petites ailes d'ange, ingénue et toute pâle, au milieu du feu d'artifice à la fumée rougeoyante, avec ses petites mains qui se joignent pour la prière, c'est infiniment émouvant. Et le fait qu'elle éveille l'amour chez le comte Kazmér, dans ces circonstances justement et à ce moment-là, c'est original, plein d'esprit, audacieux, et, ce qui est le principal, parfaitement motivé du point de vue psychologique. La faille se situe encore plus loin, chère madame.

– Ah oui. Là où elle danse avec le baron Otto Bolthay, au bal de la Sainte-Anne?

– Là, vous voyez, me suis-je écrié avec l'intonation suggestive du pédagogue en ouvrant tout grand les bras. Le voilà, l'endroit. C'est à ça que je faisais allusion.

Je respirais. À présent je n'avançais plus, comme tout à l'heure, dans une obscurité désespérante. De ce vide, de ce rien aveugle, où tournoyaient, il y avait encore un instant, des corps brumeux informes, à l'état fluide, s'était dégagé peu à peu un monde entier, qui déjà avait même un soleil : Maritsa, déjà même une lune : le comte Kazmér, avec son amour romanesque, ensorceleur, et déjà même une étoile polaire : le baron Otto Bolthay.

Nous marchions côte à côte, sans un mot. Moi, je méditais sur mon sort, sur les pièges et les guet-apens que le hasard pouvait me réserver dans les prochaines cinq minutes, et elle, sans doute, sur l'amour inextinguible du baron Bolthay.

– Intéressant, a-t-elle dit, c'est une chose que j'avais moi-même sentie en écrivant. Bolthay ne devrait pas encore se déclarer avec une telle résolution.

– Pourquoi non? ai-je chicané. Bolthay est en fin de compte – et je réfléchissais à ce qu'était Bolthay –, Bolthay, ai-je dit avec résolution sur un ton péremptoire, est un être humain, Bolthay est un homme, Bolthay est un homme jusqu'au bout des ongles.

– Vous avez raison, a-t-elle confirmé. Et puis Bolthay, à ce moment-là, ne peut pas encore savoir que Maritsa est une enfant trouvée, une pauvre petite orpheline, qu'on a ramassée dans la rue comme un oiseau transi de froid, et il ne peut pas savoir non plus qui est en réalité le comte Kazmér.

– Naturellement, ai-je fait en opinant de la tête, et curieux, moi aussi, de ce que pouvait bien être en réalité le comte Kazmér. La faute est en ceci que vous avez en cet endroit, du moins à mon sentiment, un peu ou bien sous-dessiné, ou bien sur-dessiné Bolthay.

– Possible, a dit la romancière, et elle s'est arrêtée, en me regardant profondément dans les yeux. Mais dites-moi, cher Esti, que feriez-vous à la place du baron Otto Bolthay?

– Moi? ai-je demandé en haussant les épaules.

Dans l'allée, les automobiles des promeneurs du dimanche fonçaient à la vitesse de soixante kilomètres à l'heure. Ce que j'espérais, c'était que l'une d'entre elles ne manquerait pas de m'écraser, me délivrant de l'obligation pénible de répondre. Mon espoir a été déçu. J'ai dû continuer.

– En tout cas, j'attendrais les suites.

– Mais Maritsa plus tard fait un héritage fabuleux, a-t-elle objecté.

– Vous voyez, ai-je dit, c'est à ce moment-là que Bolthay devrait faire vraiment son apparition.

– Mais Bolthay à ce moment-là n'est plus en vie,

a-t-elle crié avec désespoir. Le comte Kazmér l'a entre-temps tué en duel.

– Je sais, ai-je fait avec un geste hautain. Et c'est à cet instant pourtant que son image inoubliable devrait commencer à poindre dans l'âme de Maritsa. Je l'entendais symboliquement.

Ici je me suis arrêté net, comme quelqu'un qui d'un bond vient de franchir une crevasse profonde à s'en rompre le cou, et qui frissonne d'horreur à la pensée de sa témérité. Il me fallait prendre du recul. J'avais été très timide et très lâche, au début, je m'étais ensuite payé d'audace et, tout tâtonnement terminé, j'en étais presque à juger les vivants et les morts, confondant de la sorte morts et vivants. Mon insolence, je l'ai poussée jusqu'à parler du baron Otto Bolthay en l'appelant, de façon cursive et joviale, par son seul prénom, Otto. Et du comte Kazmér en l'appelant Kazmér. J'ai réalisé que c'était encore un peu tôt. Avoir un ou deux points d'appui n'était pas encore suffisant pour que je puisse, tel Archimède, soulever ma romancière et l'expulser hors de ma sphère. Une brume impénétrable et mystérieuse continuait toujours à me dissimuler la structure et la fable du roman, ses personnages, leurs caractères. Je l'ai laissée parler.

Et elle a parlé un quart d'heure, sans interruption. Avec ce zèle torrentueux particulier aux écrivains qui parlent de leur propre ouvrage, elle m'a exposé la situation, le problème social et psychologique dans sa quintessence, l'idée de base et la morale de son roman, elle m'a dépeint le monde physique et sentimental de Maritsa, du comte Kazmér, de Bolthay, elle m'a cité mot pour mot leurs dialogues, qu'elle jouait parfois de façon pathétique, puis elle s'est étendue sur les tenants et les aboutissants, sur les personnages secondaires, elle m'a présenté encore à quelques barons et comtes, elle m'a fait connaître un duc à l'âme noble, un valet de chambre fidèle, et, pour finir, elle m'a même révélé le titre du roman. *Le dernier amour de Maritsa,* c'était son titre.

C'est alors seulement que je suis à mon tour entré en lice. Après lui avoir ainsi soutiré entièrement son secret, j'ai pris la parole et, disposant effrontément de mon savoir, j'ai analysé, conféré, référé, rappelé, développé, réfuté, comparé, disséqué, apprécié ou blâmé, toujours en me faisant l'écho de ses propres phrases, si bien informé de tout qu'elle-même en était ahurie.

C'était là ma chance. Aussi longtemps que j'avais tiré mes arguments de mon propre arsenal, sans le vouloir je l'avais amusée. Et maintenant elle commençait à se lasser. La matière de ses romans distillait un tel ennui que non seulement ses lecteurs, mais elle-même en était étourdie. Dans le quart d'heure qui a suivi, je l'ai fait totalement battre en retraite. Je l'ai noyée dans son propre sirop, dans sa propre limonade tiède. Elle m'a remercié de mes remarques substantielles, de mes objections pertinentes, dont elle tiendrait compte en revoyant son texte, et elle a pris la fuite.

– Qu'est-ce que tu as? m'ont demandé mes amis, quand je suis retourné près d'eux en m'essuyant le front. Tu es tout pâle.

– J'ai travaillé, leur ai-je répondu. C'était un travail difficile.

Lire son manuscrit, il est vrai, aurait été un travail plus difficile encore.

LE PRÉSIDENT

Mon rendez-vous au café Torpedo était pour deux heures moins le quart du matin.

Je m'étais efforcé d'être exact. Mais je n'avais pas trouvé de voiture tout de suite. Après quoi il était tombé une pluie verglacée. Ma voiture alors n'avait pu avancer qu'avec prudence, au pas. Il était environ deux heures et quart quand je suis entré dans le salon particulier du café.

Mon apparition a été saluée de *chuts* indignés. Kornél Esti, déjà en plein dans son histoire, a lancé dans ma direction un regard méprisant et s'est tu.

Autour de lui, sa compagnie habituelle, un ramassis de huit ou dix hommes du genre écrivain et d'une ou deux femmes. Devant lui, un verre de vin rouge, un plat en argent, avec dedans le squelette d'une truite, aérien à ravir, et un reste de sauce vert pâle.

Dans le silence inamical, j'ai vite enlevé ma pelisse et allumé une cigarette. Quelqu'un, à voix basse, m'a mis au courant du début de l'histoire.

Esti parlait de ses années d'étude en Allemagne et d'un vieux monsieur distingué de haute condition, le baron Wilhelm Friedrich Eduard von Wüstenfeld, c'était son nom entier, qui avait été l'une des notabilités de la vie publique à Darmstadt en tant que président de l'association culturelle locale, la *Germania*, et président aussi, par ailleurs, ou directeur, d'un grand nombre d'autres associations, sociétés, cercles, coopératives, conseils, commissions et sous-commissions politiques, littéraires et scientifiques.

– Bref, a continué Kornél Esti, ça se passait toujours comme je viens de le dire. Le président ouvrait la séance et s'endormait. Le conférencier n'était pas arrivé à la table que le président dormait déjà. Il s'endormait d'un coup, comme foudroyé, tels les bébés. Des bords de l'état de veille, il tombait droit dans le gouffre sans fond du sommeil. Il fermait les yeux. Profondément, à poings fermés, il dormait.

Le conférencier gagnait la table, remerciait pour les applaudissements, saluait, s'asseyait, mettait de l'ordre dans la masse menaçante de son manuscrit, se raclait la gorge et entamait la lecture de sa communication, laquelle traitait soit de *La théorie du principe de l'existence dynamique*, soit des *Noms d'animaux et de plantes dans la poésie amoureuse de Heinrich von Morungen*, mais tout ça déjà ne concernait plus le président qui, du monde de la conscience, s'était discrètement échappé par une invisible porte dérobée, son corps restant simplement là en gage, dans le fauteuil présidentiel.

Quand le premier conférencier avait terminé, le président, suivant le programme imprimé, invitait le deuxième à prendre place sur l'estrade, puis le troisième et pendant que ceux-ci s'acquittaient de leur tâche, il s'acquittait également de la sienne.

Comprenez-moi : entre les conférences et le sommeil présidentiel, qu'on peut considérer, bien qu'interrompu brièvement, comme persistant et continu, il y avait une interdépendance, un rapport fatidique, presque une relation de cause à effet. Le président ouvrait la séance et fermait les yeux. Le président fermait la séance et ouvrait les yeux.

Qu'en disaient les gens de Darmstadt? Eh bien! ils s'y étaient habitués. Avec le temps, je m'y suis habitué, moi aussi. Mais au début, je m'en souviens, lors de l'une de ces conférences, je m'étais tourné vers un bon bourgeois de Darmstadt assis près de moi et je lui avais demandé pourquoi le président dormait toujours. Le bourgeois de Darmstadt s'était étonné de ma question. Il avait porté son regard sur moi, puis sur le président, et m'avait répondu en toute objectivité que le président dormait, en effet, mais qu'après tout c'était lui le président, et il avait haussé les épaules comme si je lui avais demandé pourquoi le soleil brillait. Si le président est président, c'est pour dormir. À l'époque, on en prenait acte et on passait outre.

Je m'étais excusé de ma curiosité. Le temps a passé et je me suis rendu compte que c'était eux qui avaient raison. Le président était un vieil homme. Un très vieil homme. Un très vieil homme très fatigué. C'est pourquoi sans doute on l'appelait partout « l'infatigable combattant de la vie culturelle ». On l'appelait aussi « le gardien vigilant de la vie culturelle » et ceci non par ironie effrontée, mais à juste titre également. Cet homme de grande culture, aux vues larges, qui avait derrière lui une longue carrière, s'affairait du matin au soir, jouait son rôle à plein sur la scène de la vie publique. Dès les premières heures de la matinée, il ouvrait une assemblée générale extraordinaire, pour midi il avait convoqué une quelconque sous-commission préparatoire, l'après-midi il dirigeait un débat politique et le soir, au cours d'un dîner de gala, il portait un toast en l'honneur du récipiendaire. En règle générale, partout il présidait, partout il détenait la clochette, partout il prononçait le discours d'introduction ou de clôture. En dehors de ça, il était présent en tout lieu où il le fallait et son nom ne manquait jamais sur la liste des participants. Accablé sous le poids des années, quoi d'étonnant qu'une activité utile aussi fiévreuse l'ait à ce point affaibli?

Effectivement, ce n'était pas étonnant du tout. Peu à peu, j'en suis venu à trouver naturel, moi aussi, ce que trouvaient naturel tout Darmstadt, toute la Hesse et même toute l'Allemagne. Quand, comme un étudiant écervelé que j'étais, je faisais irruption tambour battant dans l'honorable salle à lambris de la *Germania* et que je voulais m'assurer que j'arrivais à temps, ce n'était pas sur la pendule tictaquant au mur que je jetais un regard, ni sur la table du conférencier, ni sur le public, mais sur la seule estrade présidentielle. Si le président dormait, alors je savais que la séance en cours n'était pas encore terminée et j'allais faire un tour dans le couloir, fumer une ou deux cigarettes. La conviction s'est comme infusée en moi que le sommeil du président, c'était non seulement le début du travail intellectuel, mais aussi son critère infaillible et comme sa mesure scientifique.

Les conférenciers ne pensaient pas eux-mêmes autrement. Cette habitude de leur président ne pouvait-elle pas être pour eux gênante, blessante? Au contraire. Dès que les premiers mots de leur conférence, en le berçant avec une force irrésistible, avaient endormi le président, eux-mêmes, de leur côté, puisaient dans ce sommeil l'inspiration et le courage. S'apercevaient-ils qu'il était encore éveillé, ils préféraient attendre un peu, ils buvaient de l'eau, réglaient la lampe, mais leur attente ne se prolongeait guère, il y avait belle lurette que le président dormait du sommeil du juste. Quelques-uns, pendant les premières minutes, osaient à peine parler. Ils marmonnaient leur introduction à voix basse, presque en chuchotant, comme les mères auprès du berceau de leur enfant, leurs pensées et leurs sentiments quasi trottinaient sur la pointe des pieds, et ce n'était qu'une fois assurés que le sommeil du président avait atteint le degré de profondeur requis et que plus rien ne pourrait le réveiller, ce n'était qu'alors qu'ils élevaient la voix, qu'ils l'enflaient, qu'ils s'abandonnaient à l'euphorie de la gradation rhétorique. Dois-je faire remarquer que cette attention filiale, d'ailleurs émouvante, cette circonspection des conférenciers, issue du plus profond respect, était à chaque fois superflue?

Celui-là, mes amis, comme il savait dormir. Jamais plus je n'ai vu de président dormir ainsi, et pourtant croyez-moi, j'en ai vu bon nombre dormir, en Allemagne et dans d'autres pays d'Europe, petits et grands. Je m'exprimais déjà assez bien en allemand et je n'allais à la *Germania*, ou ailleurs, que pour l'admirer. Mais je n'étais pas le seul à m'y rendre pour ce motif. Le président était aussi un objet d'étude pour Zwetschke, un jeune neurologue à la taille élancée, à l'esprit tranchant, avec lequel, en l'occurrence, je m'étais lié d'amitié. Il se rencontrait également, à la *Germania*, des étrangers, Norvégiens, Anglais, Danois, la plupart eux-mêmes présidents, qui ne venaient de leur pays lointain faire un pèlerinage à Darmstadt, malgré leur âge avancé, que pour surprendre le secret, la méthode, la façon de faire de leur prodigieux collègue, afin de pouvoir ensuite, dans leur profession difficile et pleine de responsabilités, faire fructifier cette expérience à leur propre avantage.

Mais au fait, comment dormait-il? Il le faisait de façon magistrale, admirable, parfaite, avec un art inégalable. Ce qui se comprend d'ailleurs. Jeune encore, à vingt-huit ans, il avait été élevé à cette honorable fonction et depuis, c'est-à-dire déjà depuis une génération, il ne cessait de s'en acquitter à la *Germania* et dans d'autres associations culturelles. Il avait acquis une énorme pratique. Sur l'estrade, il avait à ses côtés, comme on peut avoir le bon et le mauvais larron, deux vice-présidents. C'était le Professeur Docteur Hubertus von Zeilenzig et le Professeur Docteur Eugen Ludwig von Wüttke. Je ne dirai pas le contraire, eux également s'assoupissaient, somnolaient, se payaient un petit somme, voire dormaient, mais seulement d'un œil, comme le lièvre, et sur le qui-vive, comme le chien. À l'observateur perspicace, un regard suffisait pour percevoir immédiatement la différence entre le maître et les apprentis, pour voir que ces deux-là n'étaient que des novices, qu'ils n'étaient que vice-présidents, et que présidents ils ne le seraient jamais. Lui, en revanche, lui, entre eux deux, dormait avec une profonde conviction et une compétence toute professionnelle, lui l'était, président, comme on l'est quand on l'est vraiment. C'était Dieu lui-même qui l'avait créé à cette fin. J'ai entendu dire à ceux de Darmstadt que cette rare aptitude s'était manifestée chez lui dès l'enfance et que, pendant que ses camarades folâtraient dans les champs, couraient et criaient, jouaient au ballon, il s'asseyait, lui, à l'écart, sur un tertre en forme d'estrade, et de là, il présidait.

Il dormait de façon significative, imposante, sévère, il dormait avec une dignité, avec un respect de soi indescriptible. En disant ça, je ne veux nullement faire croire qu'il lui aurait manqué, à l'état de veille, ne serait-ce qu'une seule de toutes ces qualités qu'on est en droit d'attendre. Même éveillé, il était imposant. Aimable, mais glacial, équitable, mais grave. Redingote boutonnée jusqu'au col, cravate noire toute faite, pantalon au pli impeccable, apparaissait-il quelque part, le sourire se figeait sur toutes les lèvres. Nos amis nous avaient raconté qu'un été, il avait accueilli les naturalistes allemands et leur avait servi de guide officiel dans la forêt de Darmstadt : à peine avait-il mis le pied dans cette forêt que les merles, les mésanges, tous les oiseaux chanteurs avaient cessé d'un coup leurs chants, déplacés en cette grave circonstance. Et son caractère imposant ne faisait que s'amplifier quand il dormait. Il devenait alors énigmatiquement sa propre statue. Le sommeil pour un temps collait sur son visage une sorte de masque mortuaire improvisé. Il ressemblait même un peu à Beethoven.

Qui plus est, il dormait de façon distinguée, élégante, bienséante, et tout ensemble, pour ainsi dire, avec noblesse et courtoisie. Jamais il ne ronflait, par exemple, jamais il ne bavait. Il savait garder la mesure. C'était, après tout, un baron, un grand seigneur. Il rentrait un peu la tête dans ses épaules, et ses yeux, il les fermait. Mais il les fermait comme si, par cette suspension du sens visuel, il ne voulait qu'augmenter son attention, comme si, de la sorte, il ne voulait que rendre hommage à la science et aux lettres. Le recueillement intérieur transfigurait son visage, une espèce de ferveur religieuse s'y répandait. Certes, son vieux chef, mollement soutenu déjà par les muscles de sa nuque, à l'instant suivant, selon les inexorables lois de la pesanteur, fléchissait, s'inclinait de plus en plus bas vers la table présidentielle tendue de drap vert, et ce chef tirait à sa suite le thorax, puis le tronc lui-même. Plus d'une fois j'ai eu peur que son visage ne tombe sur la clochette présidentielle, attiré par son métal comme par un aimant, et que sa bouche ne lui donne un baiser. Mais je peux vous le garantir, ça ne s'est jamais produit.

C'était là justement le prodige. Il dormait avec assurance, avec économie. Dès que sa tête entraînée atteignait le point le plus bas, elle se relevait d'elle-même, le tronc se redressait et tout alors recommençait. Il se dominait. Dans l'infini du vide, il connaissait le terrain de chasse qui lui était assigné et sur lequel il pouvait suivre sa piste en liberté sans faire entorse au savoir-vivre et à la bienséance. Même dans son sommeil, il savait qu'il commettait là quelque chose d'illicite, et ce n'était que sous condition qu'il se permettait ce péché véniel de vieillesse, aussi agréable et compréhensible que de priser du tabac. Sa discipline y mettait fin à la seconde juste où il le fallait.

Pas une fois il n'est arrivé que son sommeil ait duré plus longtemps que la conférence. Il se réveillait de lui-même, et ce une ou deux secondes avant la fin de la communication. Par quel miracle? Pour moi ça restera un éternel mystère. Pour Zwetschke, mon ami neurologue, c'étaient les conférenciers eux-mêmes qui devaient l'avertir, quand, visant à l'effet, ils donnaient leur péroraison d'une voix plus vigoureuse et plus sonore. Je n'acceptais pas son explication. Vu que les zéphyriennes strophes finales des poésies lyriques, leur musique suavement secrète et mourante, avaient le même don de le réveiller, et lui, à chaque fois sur ses gardes, présent à son poste, génie vigilant des sciences et des lettres, lui alors, comme s'il était réveillé depuis longtemps, de par son droit et son devoir présidentiels, avec une compétence enviable, en phrases bien faites, bien troussées, il remerciait pour « cette communication substantielle, stimulante, et cependant pleine d'agrément », ou pour « ce poème riche en couleurs, d'un niveau élevé, et cependant plein d'atmosphère ».

Zwetschke avait remarqué que son sommeil variait selon les genres. C'était aux conférences philosophiques, disait-il, que ce sommeil était le plus profond, le plus superficiel aux lectures de poésie lyrique. Selon son raisonnement, le président, s'appuyant sur sa grande expérience, adaptait son sommeil aux conditions de chaque genre respectif. Cette explication-là non plus je ne pouvais l'accepter. Je penchais plutôt pour cette hypothèse, soutenue aujourd'hui par plus d'un savant, d'après laquelle, dans notre sommeil, au tréfonds de notre conscience, nous ne cessons pas de tenir compte du temps, ce qui signifie qu'avec notre instinct ancestral, nous nous réglons sur la rotation de la Terre et que cette rotation nous sert à mesurer le temps. Aussi se réveille-t-on toujours, quand on veut vraiment se réveiller à une heure précise, et quand, pour un départ, on met l'aiguille du réveille-matin sur cinq heures, immanquablement on ouvre les yeux à cinq heures moins une. C'était cet instinct qui devait agir aussi en notre président.

Je ne le nierai pas, le fait se produisait, par-ci par-là et pour des choses insignifiantes, lui aussi se trompait. Après tout, pour être une âme exceptionnelle et un esprit hors pair, il n'en était pas moins un homme comme nous tous. Mais il ne s'est vraiment trompé que deux fois. Le Docteur Max Rindfleisch, conseiller privé, donnait lecture d'un passage de son roman historique en vers consacré à Frédéric Barberousse. Il ne lisait pas depuis dix minutes que le président a ouvert les yeux. La sensation et la stupéfaction ont été générales. L'auditoire s'est mis à chuchoter. Certains se sont levés pour mieux voir. Le président lui-même était effrayé. Le soupçon l'a sans doute d'un coup traversé qu'on s'était aperçu de son petit somme, et il en a rougi un peu. Alors, pour donner le change à l'auditoire, il a eu apparemment recours à un artifice d'une diabolique astuce. Il a décidé de refermer immédiatement les yeux, et décidé aussi de les rouvrir aussitôt, et ce plusieurs fois de suite, afin de bien marquer que c'était délibérément qu'il fermait les yeux, qu'il ne pouvait concentrer son attention que de cette manière. Et donc il a fermé les yeux. Mais il ne les a pas rouverts. Déjà le tiède et doux miel du sommeil avait collé ses paupières, sa tête était partie sur sa trajectoire habituelle en direction de la table, elle est remontée, elle a tangué ainsi jusqu'à ce que le Docteur Max Rindfleisch, conseiller privé, ait fini de lire des extraits de son roman qui, par ailleurs, était plein d'idées et plein d'enseignements.

La seconde fois... Ah! oui. La seconde fois, ç'a été encore plus bouleversant. Il faut que vous sachiez que, dans cette association culturelle, une conférence durait au moins une heure et demie. Le Professeur Docteur Blutholz, conseiller aulique et philosophe connu, qui présentait une communication sur son sujet favori, et très populaire en Allemagne : *Des racines primordiales et des quatre caractéristiques métaphysiques du monde intelligible,* s'était quelque peu échauffé dans son exposé captivant, stimulant, et ça faisait déjà deux heures entières qu'il parlait sans discontinuer. C'est alors que le président a ouvert ses yeux embrumés. Comme celui qui remonte du plus profond des profondeurs métaphysiques, il ne savait plus où il se trouvait, il ne savait plus si le moment déjà était arrivé du discours de clôture, il restait là à regarder et le public et le conférencier comme des visions de cauchemar. Par bonheur, à cet instant précis, le Professeur Docteur Blutholz, conseiller aulique, a déclaré qu'après cette brève introduction, il allait enfin pouvoir passer au sujet qui était le sien. Cette phrase a eu sur le président l'effet de ce supplément de chloroforme que les anesthésistes, par compassion, font goutter sur le masque de ces malades qui se réveillent en cours d'opération, qui gémissent et qui, sur la table, dans leurs sangles, sont tout sauf paisibles. Lui aussi s'est immédiatement apaisé, et lui aussi est passé « au sujet qui était le sien » : il a continué à dormir tout bonnement, tout uniment.

De quoi rêvait-il à ces moments-là? À cet égard, nos opinions divergeaient. Zwetschke, qui à l'époque déjà s'intéressait à la psychanalyse, tenait pour vraisemblable que le président tissait un rêve qui l'aidait à dormir et dormir étant son unique désir, ce rêve, selon Zwetschke, ne pouvait que représenter, en de petites scènes séduisantes, la réalisation de ce désir : le conférencier tombe du haut de l'estrade, son crâne éclate et il meurt sur le coup, les auditeurs se ruent les uns sur les autres en une mêlée sauvage, une guerre à mort s'engage entre eux, et baignant dans leur sang tous geignent et agonisent, les lustres s'éteignent, l'obscurité recouvre tout, les murs de la *Germania* s'effondrent, le président clôt définitivement la séance et rentre à la maison dormir dans son lit duveteux. J'étais d'accord sur le principe de cette interprétation. Ce qui me peinait seulement, c'était que l'éminent neurologue aille attribuer un pareil rôle au président, cet homme que je considérais comme le plus affable du monde. Mon hypothèse à moi, c'était que, même en rêve, il s'abstenait de toute idée de meurtre et de violence. Aussi ai-je exposé à mon ami qu'il était de l'intérêt du président non pas de clore la séance, mais de la faire durer le plus longtemps possible. J'imaginais plutôt qu'en rêve, il voyait constamment devant lui le comte Léon Tolstoï qui, venu lui rendre visite en son humble association de Darmstadt, y donnait lecture, et de bout en bout, des trois tomes volumineux de *Guerre et Paix*, ce qui, premièrement, faisait honneur à la culture allemande et, deuxièmement, assurait au moins une semaine de sommeil imperturbé au président de la *Germania*. Je suis fier, aujourd'hui encore, que l'excellent Zwetschke ait accepté mon explication.

Je le répète, le président était un homme plein de noblesse, de bonté, d'indulgence, un homme libéral. Il dormait par libéralisme. Qu'aurait-il pu faire d'autre? Il y avait déjà cinquante-sept années que lui, en tant que président, devait écouter ces conférences quotidiennes, et moi, jeune homme de vingt ans, à la santé de fer, aux nerfs à toute épreuve, qui ne les écoutais que depuis neuf mois, je n'en pouvais plus et je présentais d'inquiétants symptômes. Cette niaiserie nauséeuse, ce blablabla extravagant qu'on nomme en général poésie lyrique, cette ânerie ennuyeuse et vaseuse qu'on nomme en général science, ce salmigondis de théories qu'en général on nomme politique, tout ça, une nuit, dans ma petite chambre d'étudiant, avait déclenché en moi un accès de rage : subitement je m'étais mis à loucher et hurler, et j'ai hurlé à mort deux heures durant, jusqu'à ce que le fidèle Zwetschke, accouru à mon chevet, me fasse une piqûre de scopolamine, qui sert habituellement, comme vous savez, à calmer les fous furieux. Imaginez-vous ce qu'il serait advenu de ce vénérable président, digne vraiment d'un sort meilleur, s'il n'avait découvert à temps l'unique solution, et si son esprit sain ne s'était protégé, comme il l'avait fait, contre le maléfice? Il avait dû tout simplement être inspiré par son instinct de conservation. Et ce faisant, non seulement il s'était sauvé lui-même, mais il avait sauvé aussi la vie culturelle, tant des sciences que des lettres, sauvé sa nation, sauvé dans sa marche au progrès l'humanité elle-même.

Oui, son sommeil était l'accomplissement même du devoir national et du devoir humain. En dormant objectivement, sans parti pris, sans préjugé, sans prévention, à l'égard de la droite comme de la gauche, des femmes comme des hommes, des chrétiens comme des juifs, bref, en dormant sans distinction d'âge, de sexe et de culte, il paraissait fermer les yeux sur toutes les faiblesses humaines, et non seulement « il paraissait », mais il le faisait réellement. Croyez-moi, le sommeil, c'est l'approbation par excellence. Celui qui dort opine de la tête et, par là même, il approuve tout. J'ose avancer que, dans la salle aux respectables lambris de la *Germania*, même l'auditeur le plus patient vouait parfois le conférencier à tous les diables, lui souhaitait une hémorragie cérébrale, un cancer de la langue qui le rende muet, qui lui tuméfie son ignoble mufle : un homme, un seul, se montrait toujours indulgent à l'endroit du conférencier, c'était ce président qui dormait toujours. Pareil à des ailes d'ange déployées, son sommeil planait au-dessus de cet infini de bêtise et de vanité qu'est l'esprit humain, au-dessus de cette danse de Saint-Guy du stérile arrivisme, de l'ambition médiocre, de l'envie et de la bassesse, au-dessus de toutes ces immondices et de toutes ces futilités qu'on appelle vie publique, ou scientifique, ou littéraire. *Qui tacet consentire videtur.* Qui ne dit mot consent. Mais est-il consentement plus authentique que le sommeil? Son sommeil à lui, c'était l'édification opposée à la destruction, c'était le réconfort, c'était la sauvegarde de la société : son sommeil était la compréhension et le pardon même.

Mes amis, un dormeur, c'est quelqu'un qui comprend toujours et toujours pardonne. Un dormeur ne peut jamais être un ennemi. Dès qu'un homme s'endort, il tourne le dos à la vie, à toute haine, toute méchanceté cesse d'exister pour lui, comme pour un mort. Les Français disent que « partir, c'est mourir un peu ». Je ne l'ai jamais cru, car j'aime voyager, et chaque fois que je prends le train, je me sens revivre. Mais dormir, oui, dormir, c'est mourir un peu, et même plus qu'un peu, c'est mourir beaucoup, c'est quitter la vie, celle-ci, en fin de compte, n'étant rien d'autre que la conscience, c'est, pour un peu de temps, mourir totalement. C'est ainsi, l'homme qui dort met bas les armes, rengaine sa volonté à la pointe acérée et malfaisante, et se comporte envers nous avec l'indifférence, en effet, de celui qui depuis longtemps est entré en décomposition. Qui demanderait sur notre terre une plus grande bienveillance? Pour moi, j'ai toujours exigé le respect à l'égard des dormeurs et jamais je n'ai permis qu'en ma présence on les insulte. « Des dormeurs, ou dites du bien ou ne dites rien », telle était ma devise. À franchement parler, je ne comprends même pas pourquoi, de temps en temps, nous n'irions pas fêter également les dormeurs, déposer sur leur lit, non pas des couronnes, mais au moins une fleur, pourquoi nous n'irions pas, eux sitôt endormis, organiser un repas de funérailles, un tout petit, rien que pour nous réjouir, nous délivrés alors, pour quelques heures, de leur société trop souvent pesante, trop souvent ennuyeuse, et pourquoi, à leur réveil, nous ne pourrions pas faire retentir de burlesques trompettes d'enfants, saluant par cette fanfare leur résurrection quotidienne. C'est pour le moins ce qu'ils mériteraient.

Lui, il aurait mérité plus, même beaucoup plus. Mais la majeure partie de l'humanité se compose d'incorrigibles benêts, pleins de préjugés pédantesques et de pudibonderies. Au bout d'un certain temps, à lui aussi on a cherché à nuire. Les poètes, ce sont eux surtout qui ont intrigué contre lui, ces détraqués vindicatifs qui jouent les bons apôtres, mais qui, dès qu'ils sont deux, en dévorent jusqu'à l'os un troisième, les poètes qui chantent la pureté, la propreté, et qui évitent jusqu'aux abords d'une salle de bain, les poètes qui quémandent à tout le monde, au coin de la rue, même aux mendiants, rien qu'un peu de renom, rien qu'un peu d'amour, rien qu'une petite statue, rien que l'aumône par les mortels de l'immortalité, ces jean-foutre, ces onanistes envieux et blêmes qui vendent leur âme pour une seule rime, pour une seule épithète, qui étalent au marché leurs plus intimes secrets, qui tirent profit de la mort même de leurs parents, de leurs enfants, qui des années plus tard, lors d'une « nuit inspirée », violent leur sépulture, ouvrent leur cercueil et, avec la lanterne sourde de la vanité, cherchent à tâtons les « émotions », comme les pilleurs de tombes les dents en or et les bijoux, pour passer ensuite aux aveux en pleurnichant, ces nécrophiles, ces mères maquerelles. Excusez-moi, mais je les déteste. C'est là-bas, dans le Darmstadt de ma jeunesse, que je me suis mis à les détester. Ils ne pouvaient souffrir l'auguste président. Ils avaient leurs raisons. Eux qui, dans des poèmes à vous faire vomir, se nomment sans justification aucune « rêveurs de rêves », voire « chevaliers des rêves », ils enviaient ce noble vieillard, ce rêveur au sens vrai du terme. À tout bout de champ, ils lançaient contre lui des plaisanteries sarcastiques puériles. Ils disaient qu'il satisfaisait, depuis déjà des décennies, son besoin de dormir le plus publiquement possible, à l'instar du jeûneur professionnel qui, dans sa cage de verre officiellement scellée, fait la grève de la faim sous les yeux du public. Ils disaient que si, pendant les séances, il n'enlevait pas ses lunettes, c'était uniquement pour voir les images de ses rêves avec plus de netteté, vu qu'il était si myope qu'il n'aurait pas même été capable autrement de les apercevoir, et que d'ennui il se serait réveillé. Ils disaient que, depuis qu'il œuvrait sur la scène de la vie publique, ce beau dicton, « la vie est brève comme l'est un rêve », avait perdu tout sens, vu que la vie avait l'air, depuis, d'être un rêve bien long. Les mains jointes, je les priais de le ménager, d'avoir pitié de lui. Je leur faisais valoir que les personnes les plus éminentes elles-mêmes ont une petite faiblesse quelconque, que nous devons leur pardonner à cause par ailleurs de leurs qualités. Je leur citais même à l'appui ce vers d'Horace : *Quandoque bonus dormitat Homerus.* À quoi ils répondaient que certes, c'était vrai, mais que le président ne se contentait pas de faire un petit somme, que c'était sans arrêt qu'il dormait, et qu'il n'avait par ailleurs, lui, aucun talent.

Je luttais désespérément. Mais le flot montait peu à peu, menaçant de tout submerger. De temps à autre, la fureur des poètes allait jusqu'à se manifester publiquement dans une feuille satirique, en un article qui n'était qu'invectives. Ils le haïssaient. La cause de cette haine? Probablement leur conception du monde, emphatique et sentimentale. Ces gens, qui délibérément font de leur vie un fumier pour que puisse y pousser le délire bariolé de quelques champignons vénéneux, ne supportaient pas cette pureté, cette souveraineté, ce qu'il y avait d'incommensurable en cette irréprochable individualité géante. Pendant que le président dormait paisiblement dans son fauteuil, les poètes avaient toutes sortes de visions épouvantables, et sans raison naturellement, mais leur regard est toujours torve et leur jugement toujours oblique. Ils voyaient un navire, le timonier accablé de sommeil près du gouvernail, heurter un iceberg. Ils voyaient un levier d'aiguillage et ronflant à côté le garde-voie, et derrière celui-ci un squelette ricanant qui dirigeait sur la mauvaise voie le train fonçant vers son destin fatal. Fallacieux enchaînements d'idées, comparaisons boiteuses! Un navire comme un train, il faut effectivement veiller sur eux. Ce sont des choses réelles. Qu'ils entrent en collision avec d'autres choses réelles et c'est la catastrophe. Mais, je vous le demande, quelle catastrophe peut arriver aux sciences comme aux lettres? Ce président on ne peut plus vénérable, à qui ou à quoi, je vous le demande, portait-il préjudice en dormant sous le fardeau touffu de ses obligations? Je vous le demande, ne rendait-il pas ce faisant service, au contraire, à tout et à tous? Je crois que c'est moi qui ai raison.

En tout cas, je sais d'expérience que dans la vie publique, nous ne pouvons maintenir la concorde et la paix qu'en laissant tout suivre son propre cours, qu'en ne nous ingérant pas dans les lois éternelles de la vie, qui sont indépendantes de notre volonté et que nous ne pouvons guère modifier. Voilà ce qu'exprimait, réconciliateur des contraires, le sublime sommeil de ce président. Jusqu'ici, sur la terre, tout désordre a résulté du fait que quelques-uns ont voulu mettre de l'ordre et toute ordure du fait que quelques-uns ont voulu balayer. Comprenez-moi, la véritable malédiction, en ce monde, c'est l'organisation, et le véritable bonheur, c'est l'inorganisé, le hasard, le caprice. Je vous donne un exemple. Je suis arrivé ici le premier. Pendant quelques minutes, j'ai été seul dans le salon du Torpedo. Berta, la marchande de pain, est entrée. Je lui ai acheté un petit pain et je l'ai embrassée sur la bouche. Une seconde avant, je n'avais pas la moindre idée que j'agirais de la sorte. Elle non plus. C'est pourquoi c'était beau. Ce baiser, personne ne l'a organisé. Organiserait-on un baiser, il donnerait un mariage, un devoir aigre et sans saveur. Les guerres et les révolutions sont également organisées, aussi sont-elles monstrueusement laides et abjectes. Une rixe au couteau dans la rue, le meurtre à chaud d'une épouse, le massacre parfait d'une famille, c'est beaucoup plus humain. La littérature aussi, c'est l'organisation qui la tue, le copinage, le corporatisme, la critique-maison qui écrit « quelques lignes chaleureuses » sur l'âne en chef de l'écurie. Mais un écrivain qui dans un café, à proximité des waters, sur une petite table en zinc, gribouille des vers qu'on ne publiera jamais, celui-là sera toujours un saint. L'humanité, les exemples le prouvent, a été menée à la ruine, au sang, à l'ordure, par ceux qui se sont enthousiasmés pour la cause publique, qui ont pris au sérieux leur mission, qui avec ardeur, avec probité, ont veillé, alors que ses bienfaiteurs ont été ceux qui ne se sont occupés que de leurs propres affaires, qui ont failli à leur devoir, les indifférents, les dormeurs. Le mal n'est pas que le monde soit gouverné avec si peu de sagesse. Le mal est que, si peu que ce soit, il soit gouverné.

Ne vous étonnez pas, mes amis, de m'entendre exposer ici des réflexions philosophiques aussi profondes, moi qui parle bien plus volontiers de choses frivoles. C'est de lui que j'ai tout appris, de ce maître aimé, de ce père spirituel vénéré, qui en cette vie m'a enseigné plus qu'aucun autre, bien qu'il ne m'ait jamais donné aucune leçon, lui qui ne faisait que dormir. Il était la sagesse en personne. Ces poétaillons, morveux mal peignés, qui ne parlaient de lui que pour le traiter par-dessous la jambe, ne pouvaient même pas imaginer combien il était sage. Que de choses n'avait-il pas vues, que de choses ne savait-il pas! Il avait vu des courants apparaître et disparaître sans laisser de traces. Il avait vu les plus grands écrivains de l'Allemagne devenir du jour au lendemain les plus petits écrivains allemands, et des poètes nouveaux, sans raison tangible, devenir vieux jeu quasiment en quelques minutes, alors qu'ils étaient chez eux en train de se raser sans se douter de rien. C'était lui qui avait salué ces génies fulgurants qui, plus tard, avaient crevé sur la paille d'une remise et c'était lui aussi, dans l'association culturelle qu'il dirigeait, qui avait officiellement stigmatisé et condamné des doctrines hérétiques de charlatans, puis qui avait, quelques années après, dans cette même association culturelle, donné l'estampille officielle à ces mêmes doctrines hérétiques, et celles-ci sont alors devenues matières d'enseignement universitaire. Il savait que toute chose est désespérément relative et qu'il n'existe pas, pour la mesurer, d'instrument sûr. Il savait également que les gens se brouillent en général pour des conflits d'intérêts, qu'ils proclament leur désaccord en général solennellement, mais que, par la suite, solennellement en général ils se rétractent et se réconcilient, et les ennemis mortels d'antan de se promener bras dessus, bras dessous dans le couloir de la *Germania* et de s'asseoir sur une causeuse de velours, dans un recoin, pour chuchoter en toute intimité. Il avait fait un jour cette découverte et, depuis, plus rien ne le surprenait. Il connaissait merveilleusement et les hommes et la vie, la vie qui d'une manière ou d'une autre s'arrange toujours, à la seule condition qu'on ne s'en préoccupe pas. Quand on est sage à ce point, que peut-on faire d'autre que dormir, et, la main sur le cœur, dites-moi, existe-t-il un lieu plus propice au sommeil que ce lieu tout à fait public, que cette estrade présidentielle sur laquelle les cierges flamboient, comme autour d'un catafalque, et que cet imposant et paisible fauteuil présidentiel ? Certes oui, je le déclare, il dormait par sagesse, par patience, par compréhension, par réflexion mûre et virile, faisant ainsi que le navire ou que le train des sciences et des lettres puisse librement aller de l'avant, livré au caprice et au hasard.

Hélas, ces poètes dont je parlais sont aussi passés à l'action. Peu à peu la vieille génération s'était éteinte et la loyauté avec elle. Les conseillers, privés comme auliques, qui lisaient des ballades, des poèmes épiques, des traités philosophiques écrits selon les règles, s'étaient retrouvés, l'un suivant l'autre, sous les saules pleureurs du cimetière de Darmstadt. La nouvelle génération avait grandi, pour elle il n'y avait plus de frontières entre les genres, et, c'était dans l'ordre des choses, elle avait fait irruption sous les portiques de la *Germania*. Un blanc-bec est monté à la table, il allait lire, a-t-il annoncé, son roman *synthético-ésotérique*, mais son roman ne se composait que d'un seul et unique mot, et quel mot, un mot indécent, obscène. Un autre asticot du même genre a présenté ses dialogues *néo-classico-métapsychiques*, dont aucun esprit humain ne pouvait saisir le contenu, inconsistant et décousu, ni prévoir la durée. Un énergumène futuriste a, dans d'extravagants poèmes, glorifié la guerre, l'aube de l'Univers, l'anéantissement du Globe Terrestre et du coup sa résurrection. Le président avait la tête agitée de secousses nerveuses. Invariablement, à la fin de chaque vers, ce futuriste assoiffé de sang lançait un cocorico ou imitait la détonation, le crépitement, le sifflement des différentes armes de combats : *boumboumboum, tatatatatata, chiououou.* À chaque cocorico, inéluctablement le président ouvrait les yeux, comme si brusquement il avait fait jour. C'est alors que j'ai vu pour la première fois cet homme de sang-froid sortir de ses gonds. Avec indignation, il a toisé ces galopins. Ce n'était pas qu'il désapprouvait leur tendance littéraire ou même leur idéologie. Ces idéologie et tendance-là, il les approuvait comme il aurait fait de n'importe quelles autres. Mais il considérait ces individus comme des malappris dépourvus de tact et, avouons-le, sur ce point il avait raison.

Combien je l'aimais, moi, ça ne saurait s'exprimer en termes humains. Je ne souligne ce fait que pour que vous puissiez comprendre ce qui va suivre. Lentement la saison avait pris fin. L'été était venu. Tous les théâtres, toutes les écoles, toutes les associations culturelles avaient fermé leurs portes, la *Germania* comprise. On ne donnait plus de conférences nulle part. Les conférenciers se reposaient sur leurs lauriers, chacun d'eux étudiait les œuvres des autres afin de pouvoir en présenter les idées comme les siennes propres, bref, ils prenaient des forces en prévision de l'automne. Moi, j'ai pris mon sac à dos et fait des excursions dans les environs romantiques de Darmstadt. Un matin de juillet, je partais pour le belvédère de la Ludwigshöhe et, avec mes joyeux compagnons d'études, je traversais juste la Luisenplatz au pas militaire, en chantant la *Wacht am Rhein* et autres chants bouillants d'ardeur patriotique, quand un spectacle vraiment bouleversant s'est présenté à mes yeux. Deux infirmières à coiffe de la Croix-Rouge guidaient sur le trottoir une épave humaine, ou plutôt, pour mieux dire, la traînaient, comme un infirme, ou la portaient, comme un impotent qui n'a même plus la force de mettre un pied devant l'autre. Qui ça pouvait être, je ne vous demanderai pas de le deviner. Des conteurs imbéciles ont l'habitude de le faire, des conteurs qui, selon toute vraisemblance, prennent leurs lecteurs pour d'autres imbéciles. Subtils comme vous l'êtes, vous avez déjà deviné probablement que, celui dont je viens de parler ne pouvait être que le baron Wüstenfeld, le président, notre président. Mais je vous jure que moi, dans le premier instant, je ne l'avais pas reconnu. Ce vieillard d'une excellente constitution, agile, grand travailleur, avait effroyablement maigri, il n'était plus que l'ombre de lui-même. Ses jambes se dérobaient sous lui comme les frêles pieds coulissants des appareils photographiques. Il n'avait plus qu'un filet de vie. Pourquoi donner plus de détails? Le voir émouvait aux larmes.

Le président souffrait d'insomnie. Cette maladie est d'ordinaire sous-estimée par les profanes. Ils pensent qu'à force de ne pas dormir, celui qui ne dort pas finira bien par trouver le sommeil. On parle aussi dans les mêmes termes de l'inappétence. À force de ne pas manger, celui qui manque d'appétit finira bien par avoir faim. Ces maux cependant peuvent être tels que, l'un comme l'autre, ils connaissent alors une issue fatale. La maladie du président en était à ce point. Depuis des semaines, dans un fiévreux état de veille, il se tortillait, se tournait et se retournait sur ses oreillers, sans que le sommeil descende sur ses yeux. Bref, la science médicale allemande se trouvait en face d'un cas d'insomnie grave et anormalement tenace et, pour l'instant, elle était impuissante.

Imaginez mon état d'âme en apprenant cette nouvelle. Que cet homme d'une irremplaçable valeur, que ce bienfaiteur de l'humanité soit perdu, je ne pouvais l'admettre. Un beau jour, je me suis présenté de moi-même chez lui, dans son somptueux hôtel. Quand je suis entré dans la chambre à coucher, qu'on aurait pu prendre pour un hall, tant elle était immense, et qui était entièrement plongée dans la pénombre, et quand j'ai aperçu, dans la lueur d'une ampoule verte, le président, j'ai eu un serrement de cœur. Il était là à s'agiter, dans son lit, au milieu de ses oreillers surélevés, la tête casquée d'un enveloppement frais, comme le soldat blessé qu'il était des sciences et des lettres. J'ai senti une suffocante odeur de pavot qu'un appareil électrique automatique, auprès de son lit, soufflait dans sa direction. Face au lit, sur ordre médical sans doute, on voyait, image en couleurs projetée sur un drap par une lanterne magique, le miroir paisible d'un lac, image destinée à provoquer le sommeil salvateur depuis longtemps cherché en vain. Le président cependant voulait sans arrêt sauter hors du lit. Les deux infirmières lui tenaient les bras. Son visage était blanc comme du papier.

En me voyant, il a été transporté de joie : il me connaissait et même, ce qui avait été pour moi une distinction inoubliable, une ou deux fois, après les conférences, il m'avait adressé la parole. Et maintenant, de ses mains d'une maigreur cadavérique, il avait pris les miennes et nerveusement il me broyait les doigts. Je lui ai suggéré de faire appeler mon jeune ami Zwetschke, lequel n'avait ouvert son cabinet médical que depuis peu, c'était vrai, mais je le connaissais comme étant un homme intelligent, original, et j'avais en lui une confiance aveugle. Son entourage, composé d'une vieille fille, d'un colonel en retraite et d'un conseiller juridique, qui tous ne savaient plus quoi faire, a sauté sur ma proposition. Ils ont envoyé chercher Zwetschke et, quelques minutes plus tard, ce dernier était là.

Zwetschke, avant toute chose, a fait ouvrir les volets,

éteindre l'ampoule électrique et la lanterne magique. La lumière de midi est entrée à flots dans la chambre. Zwetschke s'est assis près du malade et lui a souri. Il ne l'a pas examiné. Tout comme moi, il le connaissait parfaitement par les conférences de la *Germania*. Il ne lui a ausculté ni la région du cœur, ni les pupilles, il ne lui a pas pris le pouls d'un air important, il ne lui a pas non plus frappé les genoux avec le petit marteau d'acier qu'il avait apporté. Il lui a retiré de la tête ce ridicule appareillage à refroidissement et lui a conseillé de ne se préoccuper de rien, de vivre comme avant, sans se ménager du tout. Le mieux aurait été, selon Zwetschke, que le président convoque immédiatement quelque assemblée générale extraordinaire ou quelque commission spéciale, mais, compte tenu des vacances d'été, c'était impossible. Zwetschke a secoué la tête et s'est mordu les lèvres. Brusquement il s'est levé. Il m'a ordonné d'habiller le président, puis il a tourné les talons et, en partant, m'a glissé à l'oreille de ne pas quitter le malade.

Nous venions à peine de lui mettre sa redingote, sa cravate noire toute faite, son pantalon au pli impeccable, qu'à l'extérieur, dans l'autre salle, derrière la porte aux deux vantaux fermés, nous avons entendu la voix caractéristique de Zwetschke. Avec un léger accent prussien, il commandait : À droite, à gauche, en avant, tout droit ! Nous étions tous à l'écouter avec stupéfaction. Le président lui-même, dans un mouvement de curiosité, a redressé son visage blême. La porte à deux vantaux de la chambre à coucher s'est ouverte. Nous avons vu alors six domestiques, sous la conduite personnelle de Zwetschke, apporter lentement, mais en toute sûreté, la lourde table en chêne bien connue de la *Germania* et la placer au pied du lit. Un autre domestique est entré, portant le fauteuil présidentiel. Zwetschke suivait la scène sans dire un mot. De la tête il faisait des signes approbatifs. Il a sorti de sa poche la clochette présidentielle et l'a posée sur la table. Après quoi, avec infiniment de délicatesse et de tact, il a conduit le président à la table, l'a fait asseoir dans le fauteuil et l'a prié de sonner la clochette et d'ouvrir la séance. Le président a sonné. « Je déclare la séance ouverte », a-t-il prononcé. Et le miracle s'est alors produit, le miracle que la science médicale et l'opinion publique angoissée attendaient en vain depuis un mois : ses paupières se sont closes et le président a sombré dans un profond et salubre sommeil.

Mon ami et moi, tout émus, debout l'un près de l'autre, nous observions. Lui, avec la compétence professionnelle de l'homme de science. Moi, avec la seule et franche curiosité d'un écrivain. Zwetschke a sorti sa montre de poche, a déclenché le chronomètre et compté les respirations. Il m'a jeté un regard triomphal. La poitrine se soulevait régulièrement, le visage blafard reprenait peu à peu, presque à vue d'œil, couleur et volume. Les organes, longtemps mis à la torture retrouvaient le repos. C'était la nature, notre mère bénie, qui prenait en charge la guérison. Le président maintenant dormait exactement comme il dormait dans la salle des séances, dans les limites du savoir-vivre et des convenances, la tête basculant en avant, puis se relevant. Cette circonstance a encore accru mon admiration pour lui, car elle révélait que chez lui il se comportait comme il se comportait ailleurs, que c'était, autrement dit, un authentique monsieur. Il a dormi douze heures de suite. Zwetschke, qui pas une minute n'avait quitté son chevet, qui avait même pris là son repas de midi et celui du soir, a vu avec stupéfaction, vers minuit, le président prendre en main la clochette, l'agiter, et déclarer « la séance close », ce qui signifiait qu'il avait dormi tout son soûl, ce qui signifiait aussi que nous l'avions rendu à la vie.

Il n'a même pas permis à Zwetschke de quitter son hôtel. Il lui a fait aménager un appartement particulier et Zwetschke a dû rester près de lui deux semaines, jusqu'à ce qu'il ait retrouvé toutes ses forces. À dire vrai, Zwetschke n'avait pas grand-chose à faire. Quand le président voulait dormir, toujours en habit, boutonné jusqu'au col, il s'asseyait dans le fauteuil présidentiel, il sonnait, puis, en se réveillant, il sonnait à nouveau. Cette thérapeutique étonnamment simple, que pas une revue médicale allemande n'a mentionnée, ne lui a été nécessaire que jusqu'au début de la saison. Quand les conférences ont recommencé, il n'en a plus eu besoin. Il n'a pas pour autant oublié Zwetschke. Il a fait de lui son médecin de famille et, comme il avait d'excellentes relations, il l'a fait nommer malgré son jeune âge – Zwetschke venait juste d'avoir vingt-six ans – médecin-chef du pavillon des maladies nerveuses et mentales à l'hôpital local et, six mois plus tard, il lui a fait également obtenir le titre de conseiller aulique.

Eh bien! la voilà, mon aventure allemande. Garçon, l'addition. Un repas, une bouteille de vin rouge, quatre cafés, vingt-cinq cigarettes. J'ai de nouveau passé mon temps à bavarder. Le jour arrive. L'aube avance à travers les ruelles de Budapest, dans la brume de janvier, regardez, elle sourit par les vitres du Torpedo. L'aurore aux doigts de rose, avec des ongles sales. Soit, allons dormir. Ou bien vous restez? Alors je vais prendre encore un café et vous raconter la fin de cette histoire. Ces derniers temps, mon unique distraction, c'est de m'écouter parler.

Je suis resté longtemps sans plus rien savoir du président. La guerre a éclaté et j'ai été brinquebalé loin de tout le monde. L'an dernier, j'ai fait un voyage en Allemagne. Avec un crochet par Darmstadt. Entre deux express, j'ai rendu visite à Zwetschke. Ah! mes enfants, pour être drôle, ça l'a été. J'ai retrouvé mon ami de jeunesse là où je l'avais laissé quinze ans auparavant, au pavillon des maladies nerveuses et mentales. Il est venu à ma rencontre en blouse blanche et m'a pris dans ses bras. Il portait des lunettes à monture d'écaille, avait pris une bedaine de buveur de bière, tout comme ces autres hommes de science allemands dont jadis nous nous étions tellement moqués. Je fixais sur lui des yeux stupéfaits. Il ne s'esclaffait plus aussi insolemment, aussi frénétiquement que dans sa jeunesse. Il n'en riait pas moins tout le temps, d'un rire pesant et prolongé. Avez-vous déjà rencontré de ces gens qui rient après chaque phrase, que ce qu'ils racontent soit gai ou triste ? C'est ainsi qu'il m'a raconté, lui aussi, qu'il s'était marié – hahaha –, qu'il avait eu une petite fille – hahaha –, qu'elle était morte à quatre ans d'une méningite – hahaha. Chose qui ne m'a pas choqué. Je savais que tout aliéniste a son individualité qui lui est propre.

Les aliénés n'intéressaient pas Zwetschke. Il disait, avec son rire particulièrement traînant et pesant, que ces gens-là étaient des fous à lier, que ça ne valait même pas la peine de s'occuper d'eux, si ce n'est pour leur découper la cervelle, après l'autopsie. Il m'a invité à prendre une collation. Il m'a présenté à son épouse, une femme blonde aux airs de madone, aux cheveux lissés en arrière sur un front bombé, qui m'a serré la main sans dire un mot, m'a sans dire un mot prié de me servir, et n'a pas une seule fois desserré les lèvres. Nous avons mangé du pâté de foie et bu de la bière. J'ai appris enfin ce qu'il était advenu du président. Le président avait survécu à tout, même à la guerre et même aussi à la révolution. Des générations avaient sombré autour de lui, les futuristes, les expressionnistes, les simultanéistes, les néo-classiques, les constructivistes, tous étaient tombés sur le champ de bataille ou avaient fait faillite, lui n'en avait pas moins continué d'exercer ses fonctions. En lui était la constance des dormeurs. À quatre-vingt-dix ans passés, sur le conseil de son médecin de famille, il avait assumé davantage encore de présidences. Dans ses dernières années, il présidait sans marquer de pause, du matin au soir, en dix-sept endroits. Il était mort, l'hiver d'avant, à l'âge de quatre-vingt-dix-neuf ans. Pauvre de lui, qui n'avait pu atteindre sa centième année.

J'ai pris congé de mon ami pour aller faire un pèlerinage sur la tombe et m'acquitter du tribut de la reconnaissance et de la piété. Zwetschke m'a serré dans ses bras en riant. Quittant les fous pour aller chez les morts, je me suis fait conduire au cimetière en voiture. J'ai tout de suite trouvé la tombe du président. Il reposait dans un austère caveau de famille orné des armes de sa baronnie. Sur la stèle de marbre était une seule phrase : *Dors en paix.* Cet homme que personne, de son vivant, n'avait osé tutoyer, voilà maintenant qu'on le tutoyait avec cette insolence unilatérale des vivants. « Daignez dormir en paix » ai-je balbutié avec un respect tout filial, et j'ai évoqué, tout ému, le souvenir que j'avais de lui et mes jeunes années disparues. J'ai écrasé une larme.

LE CHAPEAU

Entre autres chapeaux, Esti avait un melon noir d'une rigidité à toute épreuve.

Ce chapeau, il le mettait habituellement quand il s'en allait courir en banlieue de sombres aventures et qu'il ne voulait pas être reconnu. L'austère et large bord donnait aux traits de son visage une unité et de la dureté à son profil.

Il portait ce chapeau également ce matin-là, matin d'hiver gris et plein de vent.

Au coin d'une rue, alors qu'il se hâtait de traverser pour gagner le trottoir d'en face, un coup de vent fait tomber son chapeau par terre, juste à ses pieds. Il se baisse pour le reprendre. À cet instant le vent le soulève, puis le fait rebondir avec un bruit sec d'abord à droite, ensuite à gauche. Esti, à perdre haleine, court après lui. Le chapeau se met à rouler, une rafale de vent l'entraîne, il roule jusqu'au milieu de la chaussée. Là, il s'arrête.

D'un pas lent et posé, Esti s'est dirigé vers le chapeau. Mais parvenu au milieu de la chaussée, il allait pour le ramasser quand une voiture arrive sur lui à une vitesse diabolique, dans une tempête de coups de klaxon. Il n'a eu que le temps de faire un saut de côté.

Sur le trottoir, des passants criaient.

– Pour lui c'est fini, fini ni ni.
– Il l'a écrasé?
– Et comment! ont-ils dit en riant.

Esti, en entendant ces clameurs confuses, s'est tâté des pieds à la tête avec frayeur, puis, ayant constaté qu'il n'avait aucun mal, en toute hâte il a rejoint ce groupe de badauds curieux qui s'était formé sur le trottoir, comme il s'en forme toujours instantanément quand il y a un accident mortel.

Les gens souriaient en montrant du doigt un même point.

Ils ont accueilli Esti avec intérêt et respect, et quand leur regard s'est levé sur lui, leur sourire s'est éteint et sur leur visage est apparue une certaine compassion. Car le proche parent du chapeau, c'était tout de même lui.

Son chapeau gisait au milieu de la chaussée. Les roues de la voiture en passant sur lui l'avaient horriblement aplati, compressé, laminé, on aurait dit un petit chien noir gisant écrasé dans la poussière de la route. Il n'en restait rien qu'une tache sombre.

Il a attendu que la circulation diminue et profitant d'un armistice entre les véhicules, il est allé près de lui.

« Il vit peut-être encore », a-t-il pensé.

Mais il ne vivait plus. Le chapeau était absolument plat, sans vie et sans âme. Il avait dû mourir sur le coup. Esti s'est souvenu qu'il avait même lâché un « pouc ». C'est à cet instant-là que son âme avait pris son envol.

Son bord en outre était cassé, sa doublure et son cuir intérieur sortaient. Il avait succombé à de graves lésions internes.

Esti, un long moment, est resté debout devant lui, tête nue, comme devant un mort.

Puis, avec cette légèreté qui nous fait passer pardessus les petites comme les grandes tragédies, il est entré chez le chapelier qui se trouvait en face. Il s'est acheté un chapeau brun en poil de lapin.

Esti est ressorti, son chapeau gisait toujours là, cadavre sans sépulture, mais il n'était plus le centre d'intérêt, déjà ne l'entouraient plus que l'indifférence et l'oubli. Des voitures passaient en trombe à côté de lui et même sur lui.

Esti restait pensif, son nouveau chapeau sur la tête, comme accusé par lui d'infidélité.

Le chapeau, à dire vrai, est la partie du vêtement la plus noble. Il couvre notre crâne, avec sa forme bombée il en est une imitation, il nous est comme un crâne supplémentaire, rempli lui aussi par la flamme et par la fumée de notre cerveau. Le chapeau d'Esti, deux années durant, lui avait servi dans les circonstances les plus diverses, pour les rendez-vous comme pour les enterrements. Plus d'un soir, lui, Esti, s'était diverti dans la salle de spectacle et pendant ce temps le chapeau l'attendait au vestiaire du théâtre, avec patience, avec résignation, plusieurs heures d'affilée, sans que jamais l'idée lui soit venue de prendre la fuite.

Esti avait le cœur serré.

Il est rentré chez le chapelier.

– Je désirerais un ruban noir, a-t-il dit.

– Avec ce chapeau, mais ça n'ira pas, a expliqué le vendeur en levant les yeux sur lui. Ou porteriez-vous le deuil de quelqu'un?

– Oui, a répondu Esti avec résolution.

Dehors, il a levé son chapeau enrubanné de deuil devant son autre chapeau mort prématurément et sinistrement.

Il a porté le deuil six semaines, comme pour tous les parents éloignés.

LA DERNIÈRE LECTURE

Comme d'habitude, c'est au dernier moment qu'il a sauté dans le train. Il a cherché un compartiment vide et s'est débarrassé de ses bagages. Les roues sur les rails se sont ébranlées.

C'était un sombre après-midi d'hiver.

Tombant de sommeil, les yeux pleins de sang après toute une nuit blanche, il a regardé par la fenêtre. Il a vu un tableau en noir et blanc, un grand paysage avec des champs de neige et voletant au-dessus d'eux des corneilles, il a eu alors un immense bâillement, comme s'il avait voulu avaler le tout, puis il a abaissé le store afin de ne plus rien voir et, comme chaque fois qu'il avait derrière lui telle ou telle chose ou devant lui telle ou telle autre, il a allumé une cigarette.

Mais maintenant il avait à la fois derrière lui le départ et devant lui ce voyage. C'est pourquoi, à peine achevée la première cigarette, il en a allumé une deuxième.

Il se rendait dans une ville de province pour y donner une lecture publique.

Cette lecture est ma combien, méditait-il, ma centième peut-être, si ce n'est même ma cent cinquantième, depuis déjà vingt-cinq années. Ce que tantôt j'appelle corvée, tantôt nécessité. C'est là, à dire vrai, que ma vie trouve son sens, son accomplissement, son jour de fête : tout ce qu'on entend par le mot gloire. Et comme expérience de voyage, il n'y a rien non plus qui vaille une incursion dans une ville inconnue, il n'y a rien qui vaille autant que de voir les enfants, à la tombée du jour, rentrer de l'école en trottinant par les rues enneigées, et de s'introduire comme un voleur dans leur communauté fraternelle, que de humer au passage les odeurs d'un petit restaurant, que de se promener tout au long de la rue principale, et puis de courir à l'hôtel se préparer, et le lendemain de cette brève ivresse et de ce haut-le-cœur, de ces applaudissements et de ce champagne, de repartir plus loin, comme si tout ça n'avait été qu'un rêve. Ah! combien de souvenirs de ce genre j'ai gardé de ces lectures publiques. Je me souviens de ces déjeuners du dimanche, c'était le samedi que d'ordinaire elles avaient lieu, mais le dimanche on me retenait encore, je me souviens des reflets dorés de ces pot-au-feu où baignaient, toutes gonflées, les poches de pâte farcie, de ce rouge éclatant, presque héroïque, des sauces tomate et de ces gratte-ciel qu'étaient les pièces montées. Je me souviens de ces amis fossilisés, de ces anciens condisciples à l'existence ratée, qui dès le matin, le lendemain de ma lecture, alors que je me prélassais dans mon lit, encore à moitié endormi, apparaissaient soudain au fond de ma chambre, avec sur les lèvres un sourire qui était un appel au souvenir et qui, tout à la fois, me demandait pardon et m'accusait de ce fait que, quoique oubliés et quoique sans nom, eux étaient encore de ce monde. Je me souviens de cette famille plus qu'affable et de cette chambre où tout avait été fait pour que l'hôte de passage que j'étais se sente à l'aise et comme chez lui, mais où jamais je ne me suis senti ni à l'aise, ni comme chez moi, où, même une fois seul, je ne cessais de faire des sourires et des révérences, comme s'ils avaient encore été présents, ces maîtres de maison plus qu'aimables, qui à travers même la cloison étaient aux aguets du moindre de mes gestes, et voulais-je me laver qu'ils entraient en personne me pomper l'eau dans ma cuvette d'un soir. Je me souviens de ces admirateurs qui surgissaient de derrière une colonne d'affichage et se ruaient sur moi pour me demander un autographe, et de ces écrivains amateurs qui me présentaient leur manuscrit comme on présente au roi une requête d'importance vitale en l'enrubannant avec les guirlandes de roses de la dévotion ou en glissant une menace perfide, comme un régicide son poignard. Je me souviens de ce café à Nagyvarad, c'était avant guerre, où j'ai entendu de mes propres oreilles les garçons discuter pour savoir quel sonnet, le dimanche précédent, avait eu le plus « l'accent même de la vie ». Je me souviens de ces chères vieilles dames qui me soupçonnaient de dédain à l'égard du chef-d'œuvre qu'elles m'avaient cuisiné, il est vrai aussi que ce n'était pas un plat budapestois, et qui s'étonnaient de ce que d'une part je n'en mangeais pas assez et de ce que d'autre part j'en mange tellement, moi qui, en tant que poète, aurais dû n'avoir que mépris pour des choses aussi prosaïques. Je me souviens comment on me traînait pour me faire visiter ici un orphelinat ou bien un abattoir, là une pinacothèque ou bien un hôpital, et comment partout, positif mais avec retenue, je portais un jugement d'expert, alors que, hormis l'écriture, je ne m'y connais en rien au monde. Et je me souviens enfin de ces femmes et de ces jeunes filles qui ont, avec elles, apporté tant de fois la féerie du hasard, son caprice et sa fatalité. Tout n'était qu'un ensemble inextricable de ces tournées, qui ne sont jamais les mêmes, et qui cependant se répètent toujours. Mon Dieu que c'était beau, a-t-il soupiré. Il serait si bon de vivre encore un peu.

Il n'était pas loin de huit heures. Esti d'un coup sec

a relevé le store. Dehors la plaine de neige était devenue aussi noire que les corneilles. Il y avait partout comme des pelotes de brouillard dense, impénétrable. « La lecture est à neuf heures, a-t-il pensé, j'aurai tout juste le temps de me changer à l'hôtel. » Il s'est étiré. De la poche supérieure de son gilet, il a sorti une fiole brune. Il a bu et ses yeux aussitôt se sont mis à briller. Il a allumé une nouvelle cigarette. Quelques minutes plus tard, l'obscurité a été transpercée par l'éclat rayonnant de coupoles illuminées; des châteaux d'eau et des cheminées d'usines lui ont comme fait signe, puis le contrôleur est venu lui annoncer qu'il était arrivé.

Il a confié ses bagages, sauté à terre dans l'entrevoie, un groupe confus venait vers lui, c'était, tout empressé, le président de l'association culturelle avec sa jeune femme et un jeune homme inconnu, pâle, à l'air taciturne. Comme il est de coutume en pareilles circonstances, on lui a demandé s'il avait bien voyagé, s'il n'était pas trop fatigué, il a bredouillé une réponse, on l'a fait monter dans une voiture, on a dit que la soirée avait suscité dans toute la ville un « immense intérêt », même si « on n'avait pas encore vendu tous les billets », et on l'a conduit à l'hôtel, à L'Aigle d'Or, dont l'annexe toute proche servait justement de salle de séance, il pourrait donc s'y rendre à pied.

Le pâle jeune homme inconnu, à l'air taciturne, qui était l'organisateur de la soirée, l'a accompagné avec une « extrême discrétion » jusque dans le hall de l'hôtel, a attendu qu'il entre dans l'ascenseur et « s'est retiré ».

Il y avait un certain temps déjà que l'ascenseur montait en trépidant, quand Esti soudain a réalisé que des choses pouvaient encore le surprendre. Jamais de sa vie il ne s'était encore trouvé dans un hôtel de province aussi étrange. L'ascenseur, depuis déjà plusieurs minutes, allait à fond de train de plus en plus haut.

– Où allons-nous? a-t-il demandé au garçon liftier.

– Là-haut, a répondu le garçon en pointant son index vers le plafond.

– À quel étage?

Le garçon n'a pas répondu, car après encore un ou deux cahots, l'ascenseur avec un grand bruit s'immobilisait. S'emparant des valises, le garçon sans un mot a pris le long couloir étroit où des tapis de laine grise couraient entre des portes toutes semblables, toutes peintes en gris. Il a ouvert l'une d'elles.

– Je vous en prie, a-t-il dit.

– C'est ma chambre? a demandé Esti, et dans l'air desséché par le chauffage central, il est allé au milieu de la pièce, il a jeté un coup d'œil autour de lui.

Il a vu un grand miroir, le lit d'un côté et de l'autre le canapé. Il a opiné de la tête et renvoyé le garçon. Il a regardé par la fenêtre. Là-bas, tout au fond là-bas au flanc des montagnes, reposaient dispersées les maisonnettes d'une petite ville aux fenêtres brillant de la lumière des lampes, lumière jaune, lumière chaude, comme sur l'inoubliable décor du théâtre de son enfance. Il a longuement tout contemplé avec émerveillement. Au-dessus d'une tour de pierre trapue, dans la neige qui tombait, tournoyaient des corneilles.

– Dépêchons-nous, a-t-il dit pour s'encourager, et il a commencé à se préparer.

La lame de son rasoir a parcouru en crissant son visage, il s'est lavé à l'eau très chaude, puis hors de la valise, une chose après l'autre, ont pris leur envol la chemise, le gilet, la cravate, le tout blanc comme la neige dehors, ensuite le frac, le pantalon, les chaussures vernies, le tout noir comme dehors les corneilles.

Il sifflotait une *Aria* de Bach en réfléchissant à ce qu'il allait donner ce soir sur l'estrade. À tout hasard, il a fourré dans sa poche quelques manuscrits récents. Il s'est peigné devant le miroir en se penchant d'un côté et de l'autre, il a été heureux de constater qu'il était de haute taille et pas encore tout à fait vieux.

– Allons-y, s'est-il ordonné à lui-même, et il est sorti dans le couloir.

C'était le long couloir étroit dans lequel il était arrivé tout à l'heure avec le garçon, c'était le tapis de laine grise et les portes semblables peintes en gris, mais c'est seulement alors qu'il s'est rendu compte à quel point ce couloir était étroit et long. Tout au bout, là-bas, un miroir brillait, reflétant vaguement le long couloir étroit, avec son tapis de laine grise et sa suite infinie de portes toutes semblables, toutes peintes en gris. Il voulait arriver le plus tôt possible à son estrade, il s'est donc dirigé vers le miroir, dans l'espoir que là-bas il trouverait sans doute une sortie ou un escalier. Mais il s'était trompé. Parvenu à proximité, il a constaté que ce qu'il avait vu dans le miroir, ce n'était pas une image, c'était la réalité même. Il n'en finissait plus, ce couloir. Mégalomanie provinciale, a-t-il marmonné en faisant une moue. Il a pressé le pas, l'air contrarié. « Il semblerait que je sois de nouveau perdu », a-t-il dit avec un sourire, mais gêné, à un garçon. Celui-ci, comme indication, lui a dit d'aller à rebours, en sens contraire, et là alors, là tout au loin, un miroir également est apparu, mais une fois au bout ce n'était pas non plus un miroir, c'était tout simplement le couloir même, avec ses portes et ses chambres innombrables.

Il errait depuis cinq ou six minutes, quand un autre garçon l'a dirigé vers la droite, puis un troisième à nouveau vers la gauche. Il était alors neuf heures et demie passées et même depuis longtemps. Que définitivement il arriverait trop tard pour la séance l'exaspérait, et à bout de patience, hors de lui, il s'est mis à courir çà et là, en bas, en haut, d'un étage à l'autre, en ne trouvant partout que le désespérant labyrinthe de l'uniformité. Il a fini par cogner à coups de poing sur la cage en fer de l'ascenseur. L'ascenseur s'est arrêté, le garçon lui a ouvert la porte, il est entré. Et de nouveau, à une vitesse vertigineuse, ç'a été la ruée vers le haut, puis vers le bas, de longues minutes durant, de longues minutes interminables. Esti, trépignant, a hurlé qu'il voulait sortir.

Ils étaient arrivés à ce même long couloir étroit d'où ils étaient partis. Esti a trouvé la porte de la chambre ouverte, à l'intérieur le désordre qu'il avait fait en s'habillant, dans la cuvette son rasoir plein de mousse de savon. Il est allé devant le miroir, il a regardé attentivement son visage blanc, son front en sueur. Il a su ce qui allait advenir. Mais c'était un objet d'intérêt pour lui plutôt que d'horreur. Que tout n'était que ça l'étonnait.

Le garçon avait couru chercher un médecin, Esti a sorti de sa poche la fiole brune, et de nouveau il a bu.

– Pourquoi faites-vous usage de ça? lui a demandé le médecin d'un ton réprobateur, et il lui a enlevé la fiole des mains.

– Pourquoi, a répondu Esti, parce que sur terre les enfants meurent.

Le médecin a pris note qu'il délirait et que ses yeux louchaient. Il tâtait pour prendre son pouls, mais il ne sentait rien. Il a voulu le faire asseoir sur une chaise. Esti alors s'est effondré de tout son long par terre. Il est tombé devant le miroir, les yeux exorbités.

À cet instant le jeune homme pâle est entré en courant. Hors d'haleine, il réclamait le maître afin de le conduire à l'estrade.

Il a découvert, frappé de stupeur, ce qui s'était passé.

– C'est curieux, a-t-il remarqué, même maintenant il se regarde dans le miroir.

– Oui, a fait le médecin en hochant la tête. Cette sorte d'artiste est comme ça. Dire pourtant qu'il ne vit même plus.

EN HONGROIS
OU EN TOUTE AUTRE LANGUE

par Ádám Péter

Tout comme Kornél Esti, son personnage entre tous favori, Kosztolányi, « vivait à Budapest aussi seul qu'il l'aurait été à Madagascar ou aux îles Fidji ». Auteur à succès, populaire, fêté, il restera pourtant l'un des écrivains les plus solitaires de sa génération. Jamais il n'appartiendra à quelque groupe que ce soit, jamais il ne se recommandera d'une quelconque tendance littéraire.

Il écrivait beaucoup et facilement. Aussi ses contemporains seront-ils toujours méfiants à son égard : son élégance, ils la prendront pour un manque de profondeur, son indépendance irréductible pour de l'indifférence, son penchant au jeu pour du cynisme. On lui reprochait également d'avoir mis sa plume, il est vrai, juste après la chute de la Commune de Budapest, au service du nouveau régime et d'avoir formulé une opinion plus que partagée à propos du grand poète national Endre Ady. Sa solitude, au milieu des années vingt, devient ainsi plus profonde. C'est alors qu'il ressent le plus douloureusement cette sourde antipathie que beaucoup d'écrivains lui témoignaient. C'est alors aussi que surgit en lui l'idée d'un personnage derrière lequel il puisse s'abriter, sous le masque duquel il puisse répondre aux griefs formulés contre lui, développer en l'illustrant sa « philosophie » et prouver définitivement son talent tant de fois mis en question. Ainsi est né Kornél Esti. Le cycle de quarante et quelques nouvelles écrites entre 1925 et 1935 est donc une quête d'identité, un examen de conscience, une justification : il est aussi la synthèse de toute son œuvre et l'aboutissement, l'accomplissement de son écriture.

Ce qui fait l'unité de ces nouvelles, c'est son personnage principal. Qui est-il, ce Kornél Esti? Dans telle nouvelle tantôt « héros », tantôt narrateur dans telle autre, et tantôt les deux à la fois, ce noctambule, cet habitué des salons particuliers des cafés, est un être on ne peut plus énigmatique et contradictoire. Bien qu'il manque de cette cohérence indispensable à la définition d'un caractère, on doit reconnaître pourtant qu'il y a en lui une constance profonde. Qu'il soit homme du monde voyageant en avion, écrivain célèbre en train express, ou poète famélique vivotant dans de misérables garnis, qu'il soit farceur capricieux et cynique, à l'égoïsme outrancier, ou bon compagnon compatissant et secourable, il est toujours et reste un solitaire, un déraciné. C'est l'éternel hôte de passage, sans foyer, sans attaches, au-delà des conventions et des soucis du quotidien, c'est l'homme qui a beaucoup vécu, qui, comme on dit, connaît la vie, et pour lequel en définitive il n'est au monde qu'une seule valeur, laquelle a nom « littérature ».

Kornél Esti serait-il donc l'écrivain, serait-il donc Kosztolányi lui-même? Nombreux sont ceux qui verront simplement en Esti, tout comme le fera l'épouse de Kosztolányi, l'alter *ego* de l'auteur. « Kornél Esti – écrira-t-elle dans ses *Mémoires* – est son second moi, le double goguenard et sans contraintes de son moi sentimental et bourgeois, qui dit tout haut et surtout accomplit tout ce qu'il aurait, lui, aimé faire, qui vit la vie libre et romantique du XIXe siècle à sa place à lui, Dezsö Kosztolányi, lui qui ne fait que travailler, enchaîné à son bureau, que mener à bonne fin sa corvée journalière, courbé sous le joug du gagne-pain, dans cette société d'après-guerre, et des devoirs familiaux. » Kornél Esti, sans aucun doute, est le type idéal de cette personnalité indépendante, libre de toute entrave, tant sociale que familiale, qui a toujours fasciné Kosztolányi, mais il est le représentant typique aussi d'une protestation contre un monde devenu trop prosaïque, trop organisé, dont l'utile est la seule valeur. Cette protestation était fondamentale pour Kosztolányi qui constatait avec amertume et douleur que ce n'était plus de l'individu, mais de la communauté que se réclamaient les sociétés nées sur les ruines de la Première Guerre mondiale.

Kornél Esti cependant n'est pas seulement la projection du moi refoulé, du moi ludique, anarchisant de Kosztolányi. Il est beaucoup plus. Représentation indirecte du réel, multiplicité des points de vue, alternance de position entre personnage principal et narrateur, Kosztolányi, par tous les moyens, a dans ces nouvelles brouillé décisivement les pistes. Kosztolányi-Esti ? Oui et non. Jamais l'auteur ne s'identifie entièrement à son personnage, au sombre pessimisme de celui-ci : la distance, l'ironie, le paradoxe, l'ambiguïté sont autant de façons pour celui-là de maintenir ouverte l'interprétation de chacune de ces histoires, lesquelles, en fait, par leur perpétuelle confrontation du rationnel et de l'irrationnel, du réel et du rêve, du conscient et de l'inconscient, suggèrent, prouvent ou proclament parfois ce qui chez Kosztolányi est certainement le plus profond : la relativité des valeurs et des visions du monde et le sentiment tragique de la vie.

C'est de ce sentiment que procèdent le doute et le scepticisme de Kornél Esti, mais également sa tolérance. Il ne croit ni au progrès, ni à l'histoire : « L'humanité, les exemples le prouvent, a été menée à la ruine, au sang, à l'ordure, par ceux qui se sont enthousiasmés pour la cause publique, qui ont pris au sérieux leur mission, qui avec ardeur, avec probité, ont veillé, alors que ses bienfaiteurs ont été ceux qui ne se sont occupés que de leurs propres affaires, qui ont failli à leur devoir, les indifférents, les dormeurs. » Ce qui caractérise Esti, c'est la passivité stoïque, c'est l'attitude contemplative. Toute action pour lui est dénuée de sens. Le modèle d'Esti, c'est ce président qui ne cesse de dormir : « Il connaissait merveilleusement et les hommes et la vie, la vie qui d'une manière ou d'une autre s'arrange toujours, à la seule condition qu'on ne s'en préoccupe pas. »

Ce fondamental pessimisme d'Esti-Kosztolányi recouvre en fait beaucoup de choses : toutes les morts, toutes les souffrances, toutes les absurdités de la Première Guerre mondiale, tous les déboires publics de Kosztolányi, toute la réalité de cette société d'après-guerre, avec cette dictature à laquelle Kosztolányi, malgré la reconnaissance officielle, s'est toujours senti étranger. Ce pessimisme cependant ne provient pas seulement de l'expérience de la vie, il est la conséquence aussi de la conception, voire de la philosophie du langage de l'écrivain. Tout comme Kornél Esti, Kosztolányi était un amoureux de cette langue qui lui était tout : matière à jeu, morale, culture, vision du monde. Pour Kosztolányi, c'est le langage qui régit le réel, qui lui donne son sens, et puisqu'il est lui-même privé de tout fondement, de toute nécessité, le réel lui aussi est en conséquence arbitraire, illogique, absurde. Pour Esti, finalement, c'est cette absurdité qui relativise les valeurs, les cultures, et les convictions. Et si quelqu'un découvre, comme Esti, que toute conviction, toute culture, toute valeur a sa raison d'être, alors il ne peut être, comme Esti, que fondamentalement tolérant. La tolérance, la compréhension résignée et la compassion pour chaque être humain, voilà sans doute le visage le plus secret d'Esti, le masque le plus vrai de Kosztolányi.

8L.

CET OUVRAGE
A ÉTÉ ACHEVÉ D'IMPRIMER
SUR ROTO-PAGE
PAR L'IMPRIMERIE FLOCH
À MAYENNE EN AOÛT 2002

N° d'éd. 130. N° d'impr. 54835.
D.L. : septembre 2002.
(Imprimé en France)